全国高职高专汽车专业领域人才培养"十三五"规划教材

汽车检测与故障诊断技术

主　编　王月雷
副主编　孙占周　白有俊　陈道旅
　　　　袁　健　郑子文　潘　达
　　　　黄　智　林　峰
主　审　陈启优

华中科技大学出版社
中国·武汉

内 容 简 介

本书以企业实际工作岗位为依据,以应用型本科、高职中职教学改革为出发点,本着以问题为导向的教学方法,基于项目教学、任务驱动的教学理念,重点介绍了汽车检测与故障诊断所需要具备的知识和岗位技能。本书分为7个模块,涵盖汽油发动机、柴油发动机、底盘、车身电气系统、汽车空调系统、车载网络等内容。

本书可作为应用型本科、高职和中职院校汽车服务工程、汽车检测与维修技术、汽车电子技术、汽车营销、汽车装配与制造等专业课程的教学用书,同时也可作为汽车维修从业人员的参考书。

图书在版编目(CIP)数据

汽车检测与故障诊断技术/王月雷主编. —武汉:华中科技大学出版社,2020.8
全国高职高专汽车专业领域人才培养"十三五"规划教材
ISBN 978-7-5680-6574-0

Ⅰ. ①汽… Ⅱ. ①王… Ⅲ. ①汽车-故障检测-高等职业教育-教材 ②汽车-故障诊断-高等职业教育-教材 Ⅳ. ①U472.9

中国版本图书馆 CIP 数据核字(2020)第 160518 号

汽车检测与故障诊断技术　　　　　　　　　　　　　　　　　　　　王月雷　主编
Qiche Jiance yu Guzhang Zhenduan Jishu

策划编辑:汪　富
责任编辑:李梦阳
封面设计:原色设计
责任校对:李　弋
责任监印:周治超

出版发行:华中科技大学出版社(中国·武汉)　　电话:(027)81321913
　　　　　武汉市东湖新技术开发区华工科技园　　邮编:430223
录　　排:武汉三月禾传播有限公司
印　　刷:武汉市洪林印务有限公司
开　　本:787mm×1092mm　1/16
印　　张:11.5
字　　数:300 千字
版　　次:2020 年 8 月第 1 版第 1 次印刷
定　　价:39.80 元

本书若有印装质量问题,请向出版社营销中心调换
全国免费服务热线:400-6679-118　竭诚为您服务
版权所有　侵权必究

前　言

中国汽车工业只经历了短短的几十年的发展时间,在此期间,汽车工业发生了巨大的变化,发动机传统点火方式被电控点火方式替代,化油器式混合气的形成被缸内直喷替代,车辆驾驶逐步被人工智能替代。汽车已经进入了智能网联时代,这是世界工业文明发展的轨迹和必然趋势。

汽车检测与维修技术也发生了翻天覆地的变化,从原来简单的"望""闻""问""切",发展到现在利用各种诊断设备/仪器辅助进行检测。这对汽车检测与维修工作提出了更高的要求。

本书全面介绍了汽车检测与故障诊断技术,深入浅出,通俗易懂,并与技能大赛相结合,真正做到了课堂与竞赛的融合。本书可作为应用型本科、高职和中职院校汽车服务工程、汽车检测与维修技术、汽车电子技术、汽车营销、汽车装配与制造等专业课程的教学用书,同时也可作为汽车维修从业人员的参考书。

全书共分为7个模块。模块1概述了汽车检测与故障诊断相关的概念、常见的故障类型、产生故障的原因、排除故障的方法,以及故障检测与排除过程中常用的设备/仪器。模块2主要对常见的汽油发动机故障,包括发动机不能启动、发动机怠速不稳、发动机油耗过高,进行故障诊断与排除。模块3主要介绍了柴油发动机燃油供给系统和电控共轨燃油喷射系统的检修方法。模块4讲述了底盘中传动系、制动系、转向系及行驶系故障、产生故障的原因及排除方法。模块5讲述了车身电气系统中前照灯不亮、转向灯不工作、刮水器工作不正常、电动车窗升降、中控门锁系统故障及检修方法。模块6讲述了汽车空调系统结构与工作原理、维护与检修。模块7讲述了车载网络基础知识、CAN总线系统、LIN总线系统、MOST总线系统、FlexRay总线系统的原理与检修方法。

本书由海南科技职业大学王月雷老师编写模块1,三亚理工职业学院孙占周老师编写模块2,海南省海口技师学院陈道旅老师编写模块3,海南经贸职业技术学院白有俊老师编写模块4的任务4.1、任务4.3和任务4.4,海南工商职业学院袁健老师编写模块4的任务4.2,海南科技职业大学黄智老师编写模块5,海南科技职业大学林峰老师编写模块6;长沙职业技术学院郑子文老师、潘达老师编写模块7。全书由王月雷老师统稿和定稿。

本书的编写得到了海南科技职业大学李庆军教授的指导,在此表示感谢。在本书编写过程中,还参阅了汽车检测与维修方面的教材、资料与文献,在此向各位作者一并表示感谢。

由于编者水平有限,书中难免存在不足之处,请读者批评指正。

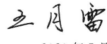

2020年7月

目 录

模块1　汽车检测与故障诊断概述 ………………………………………………………… (1)

　　任务1.1　常见的汽车故障类型 ………………………………………………………… (1)

　　任务1.2　产生故障的原因 ……………………………………………………………… (2)

　　任务1.3　故障排除的方法 ……………………………………………………………… (5)

　　任务1.4　汽车故障诊断的设备与仪表 ………………………………………………… (8)

模块2　汽油发动机检测与故障诊断 …………………………………………………… (16)

　　任务2.1　发动机不能启动 ……………………………………………………………… (16)

　　任务2.2　发动机怠速不稳 ……………………………………………………………… (39)

　　任务2.3　发动机油耗过高 ……………………………………………………………… (42)

模块3　柴油发动机检测与故障诊断 …………………………………………………… (46)

　　任务3.1　燃油供给系统 ………………………………………………………………… (46)

　　任务3.2　电控共轨燃油喷射系统 ……………………………………………………… (50)

模块4　底盘检测与故障诊断 …………………………………………………………… (63)

　　任务4.1　传动系检测与故障诊断 ……………………………………………………… (63)

　　任务4.2　汽车制动系统 ………………………………………………………………… (68)

　　任务4.3　转向系检测与故障诊断 ……………………………………………………… (76)

　　任务4.4　行驶系检测与故障诊断 ……………………………………………………… (84)

模块5　车身电气系统检测与故障诊断 ………………………………………………… (88)

　　任务5.1　汽车前照灯不亮故障检修 …………………………………………………… (88)

　　任务5.2　汽车转向灯不工作故障检修 ………………………………………………… (95)

　　任务5.3　刮水器工作不正常故障检修 ………………………………………………… (100)

　　任务5.4　电动车窗升降故障检修 ……………………………………………………… (106)

　　任务5.5　中控门锁系统故障检修 ……………………………………………………… (112)

模块 6　汽车空调系统 ……………………………………………………………………（121）

　　任务 6.1　汽车空调系统结构与工作原理 ………………………………………………（121）

　　任务 6.2　汽车空调系统的维护与检修 …………………………………………………（138）

模块 7　车载网络 ………………………………………………………………………………（153）

　　任务 7.1　基础知识 ………………………………………………………………………（153）

　　任务 7.2　CAN 总线系统 …………………………………………………………………（155）

　　任务 7.3　LIN 总线系统 …………………………………………………………………（163）

　　任务 7.4　MOST 总线系统 ………………………………………………………………（166）

　　任务 7.5　FlexRay 总线系统 ……………………………………………………………（173）

参考文献 ………………………………………………………………………………………（178）

模块 1　汽车检测与故障诊断概述

任务 1.1　常见的汽车故障类型

学习目标

◎ 掌握常见的汽车故障类型。

能力要求

◎ 能够根据故障现象将汽车故障进行分类。

相关知识

随着汽车工业的发展,汽车已经进入千家万户,也在改变着人们的生活方式,是人们不可或缺的交通工具。在使用过程中由于汽车零部件自然损耗、操作不当等,汽车会出现不同的故障。汽车故障可以按照以下方法进行分类:

(1) 按照故障出现的部位可以分为两大类:机械故障和电气故障。

①机械故障是汽车在使用过程中,由于机械零件磨损、老化、疲劳等,出现的不能完成或部分完成原有功能的一种故障。机械故障的类型主要有异响、渗漏、噪声等。

②电气故障是汽车在使用过程中,由于线路断路、线路短路、电气元件损坏等,出现的不能完成或部分完成原有功能的一种故障。电气故障的类型主要有线路断路、线路短路、电气元件损坏等。

(2) 按照故障出现的频率可以分为两大类:偶发性故障和渐进性故障。

①偶发性故障是汽车在使用过程中偶尔产生的一类故障。

②渐进性故障是汽车在使用过程中由于零部件的自然损坏而逐渐产生的一类故障。

(3) 按照故障的危害程度可以分为四大类：轻微故障、一般故障、严重故障、致命故障。

①轻微故障是不影响汽车正常使用的故障。例如，轻微的剐蹭、掉漆、室内灯不亮等。

②一般故障是汽车的某些功能全部损失或部分损失的故障。例如，远光灯不亮、喇叭不响、车窗工作不正常等。

③严重故障是导致汽车性能严重下降的故障。例如，发动机动力下降、汽车跑偏、变速器异响等。

④致命故障是严重影响汽车行驶安全和人身安全的故障。例如，制动失效、转向失灵、发动机拉缸等。

任务1.2　产生故障的原因

学习目标

◎ 掌握产生故障的原因。

能力要求

◎ 能够根据故障类型分析产生故障的原因。

相关知识

每辆汽车都有不同的驾驶员，不同的使用环境。在使用过程中会产生不同的故障，产生这些故障的原因也不尽相同，下面就不同的汽车故障类型分析产生故障的原因。

1. 自然损坏

汽车是由一万多个零件装配而成的机器，有的零件由钢、铁、铝、铜制成，有的零件由塑料制成，有的零件由橡胶制成。汽车在使用过程中由于零部件的自然磨损、腐蚀、老化等，出现零部件配合间隙变化、管路密封不严、塑料件开裂等现象，从而产生不同的故障。故障举例如下：

(1) 转向球头因长时间磨损出现间隙，造成转向跑偏、异响等故障。

(2) 向发动机中加入的不合格的冷却液，腐蚀水套、水泵等，造成水泵损坏、水套漏水等故障。

(3) 进气软管老化开裂,造成漏气故障;灯光线束老化,造成漏电、断路等故障。

2. 保养不当

汽车的生命周期与人的生命周期类似,"三分维修,七分保养",可见保养对汽车的正常使用有着至关重要的作用。汽车中每个系统有不同的保养周期,同一个系统也可能出自不同的汽车厂商,详细的保养周期以随车配送的《汽车使用手册》为准。

汽车保养分为日常保养、一级保养、二级保养、换季保养(在《汽车保养与维护》中有详细的讲解)。

大部分车主喜欢将汽车保养分为日常保养、小保养、大保养。

人们习惯上将检查胎压、整车清洁状况、各个工作液的液面高度等称为日常保养,实施人为驾驶员本人;将更换机油、"四滤"、检查底盘等称为小保养,实施人为汽车维修工;将更换制动片、更换各种工作液、更换火花塞、清洗油路、更换正时皮带、检查或调整底盘等称为大保养,实施人为汽车维修工。

汽车由于保养不当会产生故障,常见故障如下:

(1) 冷却液发生泄漏,但并没有及时查看液面高度,造成在高速行车过程中因发动机温度过高而拉缸的严重故障。

(2) 由于长时间没有更换汽油滤芯,油路发生部分堵塞,造成车辆启动困难、行驶无力的故障。

(3) 由于长时间没有更换制动片,制动片厚度减小,制动性能下降,造成车辆在下长坡的过程中因制动能力不足而冲向山坡的严重故障。

3. 不良驾驶

驾驶员的不当操作或不良驾驶习惯也会使汽车产生故障。每年中国的汽车产销量都在刷新着世界纪录,新增驾驶员的数量也在年年攀升,但是由于很大一部分驾驶员缺乏汽车基本知识、暴力驾驶、开车时粗心大意,一些本可以避免的故障常常出现。举例如下:

(1) 经常方向盘打死。学车入库时,很多人经常打死方向。其实,由于常常使用,助力泵也是车辆上易受损的部件,经常打死方向,会让助力泵长期处于绷紧的状态。因此,尽量不要将方向盘打到底,即使在极端情况下,方向打死的持续时间也最好不要超过 10 s。

(2) 高速冲过减速带。有些驾驶员喜欢以较快的车速通过减速带,这样不仅会影响乘坐舒适度,产生的振动还会对汽车的悬架造成损伤。高速过减速带或者坑洼地面时,会严重损害悬架系统和轮胎,甚至还会造成底盘托底。

(3) 空挡滑行。在空挡滑行过程中,手动挡车的传动系统、变速箱是不会受到太多影响的,特别是当车速不超过 50 km/h 时,低速空挡滑行有助于省油。然而,在空挡滑行过程中,自动挡车变速箱中的油无法通过油泵循环冷却,一旦空挡滑行时间变长,就可能会导致油温升高,从而会烧坏离合器片、制动片等。如果车辆在空挡滑行时突然熄火,发动机则不能连带运转,这时车辆的刹车助力、转向助力等系统都会失去动力,要是前方突然出现一些情况,那就难以及时将车刹住了。所以说,手动挡车可以根据路况进行空挡滑行,而自动挡车最好不要尝试空挡滑行,否则不仅会损坏车辆,还会影响行车安全。

4. 维修不当

随着汽车保有量的增大,汽车维修从业人员越来越多,由于汽车维修工的素质良莠不齐,有些汽车在维修过程中不能达到维修标准,甚至会受到二次伤害。举例如下:

(1) 一辆长安逸动轿车,在维修厂更换机油和机油滤芯,两天后在停车位置滴落一大片机油,经检查,造成这种现象的原因是更换了错误型号的机油滤芯,幸好及时发现,未造成严重后果。

(2) 一辆某品牌运动型多功能汽车(SUV),在行驶两万千米后去4S店做了四轮定位,行驶约1 000千米后发现前轮轮胎外侧磨损严重,经鉴定,车辆在做前轮定位时前轮外倾角调整过大,导致轮胎外侧磨损严重。经商议,4S店赔付车主两个新轮胎。

5. 制造缺陷

设计制造过程中存在的缺陷,会使汽车在使用过程中产生故障。绝大多数汽车被召回都是由于此类原因。

(1) 某品牌SUV手动变速器1挡、2挡、R挡换挡困难,在4S店这一故障多次维修未果。在某论坛发现此车型均存在手动变速器1挡、2挡、R挡换挡困难现象。4S店维修人员也表示是"设计问题",可以通过减小车速的方法解决。

(2) 2018年3·15晚会曝光了某品牌豪华SUV,安装在其发动机进气管底部的排水阀可能被尘土、树叶或其他异物堵塞,水可能从大灯间隙流入进气管并且无法通过排水阀有效排出,空气滤清器壳底部积水,导致空气滤清器浸水。如果发动机进气管中的积水过量且无法有效排出,在发动机启动或加速时,水可能会被吸入发动机中导致发动机损坏、熄火,存在安全隐患。

(3) 2018年8月6日,广汽本田汽车有限公司召回部分冠道系列汽车,共计253 241辆。

① 由于零件设计问题,召回156 315辆。零件设计问题可能使制动总泵内的副密封圈产生膨胀变形,在缓慢踩踏制动踏板时,制动液可能会在制动总泵内缸体间泄漏,导致慢踩制动踏板时偏软,极端条件下可能导致制动距离变长,存在安全隐患。针对这一问题厂家召回了在2016年3月18日至2018年6月27日期间生产的2017款、2018款冠道240TURBO及370TURBO汽车。

② 由于机油增多问题,召回96 926辆。由于设计问题,部分车辆长期在低温环境下短距离行驶时,发动机机油液面会升高,机油液面升高到一定程度时可能出现发动机故障指示灯亮的现象,继续在上述条件下运行车辆,可能对发动机造成影响,极端条件下可能造成发动机损坏,存在安全隐患。针对这个问题厂家召回在2016年5月16日至2018年7月24日期间生产的2017款、2018款冠道240TURBO汽车。

任务1.3 故障排除的方法

学习目标

◎ 掌握故障排除的方法。

能力要求

◎ 能够根据不同的故障采用不同的排除方法。

相关知识

目前汽车电气化程度和智能化程度越来越高,传统的"望""闻""问""切"已经不能满足汽车故障诊断与排除需求了,必须结合专用的仪器设备进行诊断。常见的故障诊断方法有两种:经验诊断法和仪器诊断法。这两种方法相辅相成。

1. 经验诊断法

经验诊断法是指维修从业人员利用经验诊断故障的一种方法。经验诊断法通常是指在不解体或者部分解体汽车零部件,使用简单工具的条件下,以主观判断为主、测量为辅来诊断汽车故障的一种方法。经验诊断法的优点是诊断效率高、成本低,缺点是对于疑难故障必须借助仪器设备进行诊断,对于刚就业的维修工来说,还需要一定时间的经验积累。常用的经验诊断法有:"望""闻""问""切"。

(1) 望,是通过眼睛看疑似故障部位的颜色、老化程度、磨损量、位置偏差等找到故障部位的方法,是目前维修过程中最常用、最有效的一种诊断方法,可谓是"眼见为实"。

①在检查机油的过程中,通过观察机油的颜色,判断机油的质量,颜色越黑,质量越差。

②观察排气管排烟的颜色,无色为正常,蓝色为烧机油,白色为烧水,黑色为燃烧不完全。

(2) 闻,是通过耳朵听异常的声音、鼻子闻异常的气味来判断故障的方法。通过听声音的位置、频率、音调判断异响的部位,通过气味分析发动机的燃烧情况等,闻也是一种比较常用的故障诊断方法。

以下是通过声音分析故障的方法。

①轴承干摩擦发出"哗哗"声,气门间隙过大发出类似小锤轻击水泥地板的"嗒嗒"声等。

②某轿车在天冷下雨时刹车会发出异响,是什么原因造成的呢? 分析:正常情况下,只要

刹车就会产生摩擦,发出响声。如果刹车时响声是没有规律的,则要检查刹车装置的磨合面是否正常。如果下雨时刹车有异响发出,而平时刹车没有异响发出,则刹车装置应该没有问题,这是因为在雨天行车,刹车装置容易附着雨水溅起的泥沙。

③在通过减速带时,前轮会发出"咣咣"的声响,并且转向时伴有"咯噔,咯噔"的声音,就好像车轮随时会掉一样。这种情况一般是转向拉杆球头过于松旷导致的。更换转向拉杆球头即可,更换完成之后,记得要做四轮定位。

④转动方向盘时有"吱吱"的干磨声发出,听到这种声音,可能是汽车助力转向泵缺少助力转向油,或者转向机齿轮缺少润滑脂。

以下是通过气味分析故障的方法。

①驾驶室内有塑料的煳味造成原因:电线过热或有电器发生短路。如果闻到的是塑料的煳味,那大多是因为电器的线路过热。电线烧毁一般伴有局部发热或局部冒烟,只要细心检查,应该不难确定故障部位。

②开空调时车内有异味造成原因:空调滤芯或送风道不清洁。空调的送风道、汽车的后备箱、脚垫等部位都属于重要污染源,如果你闻到车内有异味,最好马上彻底清扫干净。

③橡胶烧焦的煳味造成原因:轮胎、皮带等橡胶件产生故障。检查发动机舱内的各条皮带是否松弛打滑:车辆高速运转时皮带"丢转"很有可能导致散热不利等问题,碰到这些问题应该马上进行检查。检查制动蹄片和轮胎是否过热:碰到连续的山路时,有车主喜欢在弯道和上下坡处大力刹车,这样很容易给制动系统和轮胎造成过大负担,当制动系统和轮胎发出橡胶味时,最好马上靠边停车,等刹车片的温度自然降低后再开车,千万别用冷水浇!另外一些橡胶软管温度过高也会发出橡胶味。

④未燃烧的汽油味/生油味造成原因:油箱受损或供油系统出现渗漏。如果你开车时总能闻到未燃烧的汽油味,必须停下来确认漏油的部位和严重程度。在经过长时间使用后输油管路有可能老化龟裂,这时只要稍遇颠簸或管路内压力发生变化,燃油就有可能从这些部位渗漏出来。所以,当你驾驶汽车闻到异常的汽油味时,应马上熄灭车内的香烟等明火,同时远离主路避免与它车发生事故。

⑤蓄电池有难闻的臭味造成原因:电解液泄漏或亏损。这种现象多出现在湿式电瓶上,这是因为,湿式电瓶需要由电解液来完成电能的储存和转化,当电解液泄漏时就会发出一种刺鼻的气味。如果电解液消耗过多以至亏损,在汽车运行时发电机就会向蓄电池强行充电,蓄电池因充电过热冒白烟,导致气味更加难闻。干式电瓶不存在漏液问题,但有失效周期,一般我们可通过蓄电池顶部的观察口自行检查。

⑥机油与汽油混合燃烧后的气味造成原因:机油窜进发动机燃烧室燃烧。因为机油与汽油的燃点是不一样的,所以在气缸内机油不可能完全燃烧,会有少量的机油从排气管排出。正常情况下机油只应在机油道里对缸筒的内壁和活塞润滑,不过一旦缸筒的内壁磨损严重或活塞磨损严重,原本在机油道里的机油就有可能窜进发动机燃烧室。另外,气门磨损严重的发动机也有可能燃烧机油。

⑦浓重的焦煳味造成原因:离合片烧损或没松手刹。如果闻到非金属材料烧煳的特殊气

味,一般是因为离合器摩擦片烧损或过热。这种煳味一般还会夹杂着焦臭味,这是因为离合片的材质包括橡胶和石棉等多种材料。如果离合器使用正常,也没有出现明显难挂挡或起步困难的情况,并且下车闻到的气味不是来自车的前部而是车的后部,那么你就要检查后制动系统,看看它是否过热。

（3）问,是通过向驾驶员问询汽车近期的使用状况、保养状况、维修状况等分析故障的方法。维修人员通过驾驶员对故障的描述,分析产生故障的原因,判断故障产生的部位。问是维修人员记录故障的主要依据。

（4）切,是通过触摸的方式感知汽车技术状况的方法。用手感知元器件的温度、压力、黏度等来分析产生故障的原因。根据经验,若手触摸后感到很热,但手还能坚持一会儿,则说明温度在60 ℃左右;若手不能坚持,则说明温度在70～80 ℃之间;若手放上去马上缩回,则说明温度不低于90 ℃。需要说明的是,手触摸前应先快速触摸一下,然后再进一步触摸,以免烫伤。举例如下:

①机器工作后不久,用手触摸各缸喷油器或火花塞、各缸排气管,若感到其中某缸温度偏低,则说明该缸工作状态不良或不工作。需要注意的是,热机后不易区分此情况。

②机器工作后,用手触摸水箱上下水室,若感到上部烫手、下部凉,则说明水箱被冻、水泵已损坏或卡死。若感到上部凉、下部很热,则说明节温器已卡死。

③发动机工作后,用手触摸机油散热器左右两侧芯管,若感觉温度一样,没有温差,则说明机油散热器隔热板串通或失效。

④用手触摸各电气设备接头,哪里有热的感觉,哪里就接触不良。启动电起动机三四次后,用手触摸一下蓄电池、电起动机接线柱及导线,若感到烫手,则说明导线接触不良或导线过细、过长。

⑤在凹凸不平的道路上行驶一段路程后,用手触摸减振器外壳,若感觉无温升,则说明减振器失效。

⑥行驶一段路程后,用手触摸变速器壳和后桥壳,若感到很热,甚至烫手,则说明变速器损坏,后桥内齿轮啮合过紧、润滑不良。

⑦若机器加速性能变差,达不到最大车速,用手触摸制动鼓或离合器壳,若感到烫手,则说明制动拖滞或离合器打滑。

⑧用手掌接烟判断燃烧情况,机器工作不正常时会冒烟,一般有黑、蓝、白三种烟,但较难分清。可采用手掌接烟法进行检验:把手掌斜伸到离排气管20～30 mm处,手心朝向烟流,稍停片刻把手收回,观察掌心,掌心如出现板状的碎片则是黑烟,表明混合气燃烧不完全;如出现一点儿黑油珠则是蓝烟,表明有烧机油现象;如仅有白雾状迹象则是白烟,表明燃烧室内混有水分;如无任何明显的迹象则证明燃烧情况较好。

⑨用食指沾点机油,再用拇指靠近食指拉丝,如果能拉出1 mm的细丝,说明机油黏度尚好,否则说明机油黏度减小。用手沾点机油摩擦几下,如果感到滑手,说明机油中存在铁屑积炭,这样的机油不能用。

⑩用手指捻摸柴油。一般情况下,油质好、精制的柴油在捻摸时光滑感强且无杂质;而油

质差、粗制的柴油则光滑感差、黏度大且有杂质。

2. 仪器诊断法

仪器诊断法是指借助仪器设备读取故障信息、检测信号电压或波形、测量技术参数等诊断故障的一种方法,如图 1-3-1 所示。通常在不解体汽车的情况下采用这种方法。现在市场上汽车的电气化程度和智能化程度都在提高,仪器诊断法是目前最广泛、有效的手段。举例如下:

(1) 利用汽车解码器读取汽车电脑中的故障信息、数据流信息等,快速有效地确定故障范围,汽车解码器是目前使用最广泛的一种诊断仪器。

(2) 利用万用表测量电路电压、电阻、电流、频率、闭合角等参数,为诊断故障提供依据,万用表是目前电路故障维修中最常用的诊断仪器。

(3) 利用四轮定位仪读取车辆各个车轮的定位参数,进行四轮定位。

(4) 利用尾气分析仪或烟度计检测尾气成分,判断和分析发动机的燃烧情况。

图 1-3-1　用仪器诊断汽车故障

任务 1.4　汽车故障诊断的设备与仪表

学习目标

◎ 掌握目前汽车维修中常见的汽车故障诊断的设备与仪表。

能力要求

◎ 掌握汽车故障诊断的设备与仪表的主要用途。

相关知识

汽车故障诊断的设备与仪表泛指用于汽车技术状况检测或故障诊断的装置和仪表,包括检测功率、车速、制动、侧滑、轴重、废气、烟度、声级、灯光的装置,以及汽车发动机、底盘、电气与电子系统的故障诊断装置。其中一些属专用设备,如发动机综合检测仪、制动试验台、前轮定位仪等,也有一些属通用仪表,如转速表、万用电表、声级计等。早期的故障诊断装置多为单项参数检测调试的设备和仪表,需人工操作分析。现在利用现代声学、光学、电子和计算机技术开发出一批自动化、智能化、综合化的新型检测诊断装置,这些装置提高了诊断的效率和准确度,成为现代汽车技术状态检测和故障诊断不可或缺的重要技术手段。

以下是汽车检测与维修过程中经常用到的汽车故障诊断的设备与仪表[引自《风向标汽车专业常规实训教学设备(2015版)》]。可以通过网络查询每款设备与仪表的功能、使用方法、注意事项等,在此不详细列出。

(1) 发动机检测仪器,如图 1-4-1 所示。

(a) 发动机综合分析仪

(b) 综合智能诊断仪(解码+示波)

(c) 汽车故障诊断电脑

(d) 柴油汽车故障诊断电脑

(e) 汽车专用示波器

(f) 汽车专用万用表

(g) 汽油机点火正时灯

(h) 柴油机点火正时灯

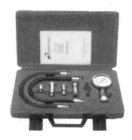
(i) 汽油机气缸压力表

(j) 柴油机气缸压力表

(k) 气缸泄漏测试仪

(l) 手动真空泵

图 1-4-1 发动机检测仪器

（2）发动机检测仪器与通用工具，如图1-4-2所示。

(a) 手动液压吊车

(b) 连杆校正器

(c) 全车系燃油压力测试仪

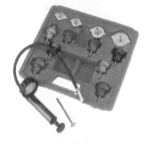
(d) 全车系冷却系统测试仪

(e) 真空和压力检查仪

(f) 柴油喷油嘴检测仪

(g) 非接触数字式激光转速计

(h) 汽车专用红外测温仪

(i) 废气分析仪

(j) 不透光烟度计

(k) 气门座圈修复器

(l) 120件汽车维修综合组套

图1-4-2 发动机检测仪器与通用工具

（3）汽车维修通用工具和量具，如图1-4-3所示。
（4）通用工具与电器检测仪器，如图1-4-4所示。
（5）汽车空调检修设备，如图1-4-5所示。
（6）底盘、发动机检修设备，如图1-4-6所示。

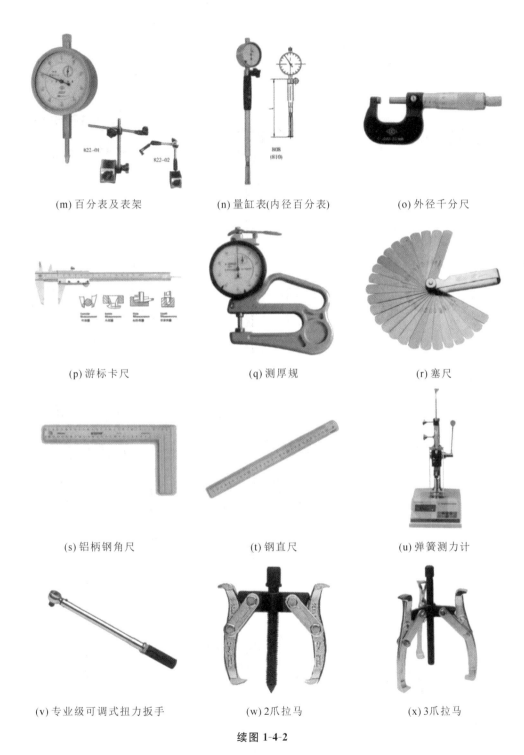

(m) 百分表及表架　　　(n) 量缸表(内径百分表)　　　(o) 外径千分尺

(p) 游标卡尺　　　(q) 测厚规　　　(r) 塞尺

(s) 铝柄钢角尺　　　(t) 钢直尺　　　(u) 弹簧测力计

(v) 专业级可调式扭力扳手　　　(w) 2爪拉马　　　(x) 3爪拉马

续图 1-4-2

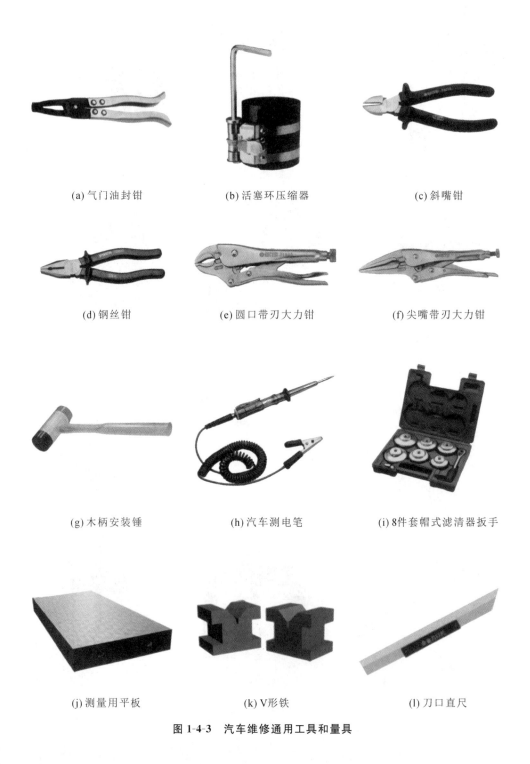

图 1-4-3 汽车维修通用工具和量具

模块1　汽车检测与故障诊断概述

(a) 传动轮拆装工具

(b) 卷型弹簧压缩器

(c) 球头拉拔器

(d) 连杆臂球头拉拔离器

(e) 双叉式球头分离器

(f) 8件套A系列一字、十字螺丝批组套

(g) 自动变速器压力表

(h) 20T压床

(i) 汽车电器万能试验台

(j) 冷媒回收加注机

(k) 自动冷媒回收加注机

(l) 制冷剂鉴别仪

图 1-4-4　通用工具与电器检测仪器

(a) 电子式卤素检漏仪

(b) 电子温度计

(c) 电子湿度计

(d) 汽车空调压力表组(含软管)

(e) 汽车空调制冷剂

(f) 冷媒开瓶器

(g) 汽车空调专用数字温度计

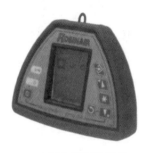
(h) 汽车空调诊断仪

(i) 真空泵

(j) 冷媒管油管接头拆装组套

(k) 油路及空调线路拆断器

(l) 密度计

图 1-4-5　汽车空调检修设备

(a) 底板式双柱举升机　　(b) 龙门式双柱举升机　　(c) 小剪式平板举升机

(d) 大剪式举升机(四轮定位专用)　　(e) 四柱举升机　　(f) 四轮定位仪

(g) 无线底盘异响电子听诊器　　(h) 蓄电池检测仪　　(i) 轮胎胎纹深度检测仪

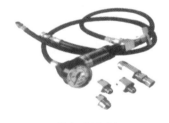  

(j) 转向系测试仪　　(k) 皮带张紧力计　　(l) 枪型充气表

图 1-4-6　底盘、发动机检修设备

习题及思考题

（1）常见的汽车故障类型有哪些？
（2）按照故障的危害程度，汽车故障可以分为哪四大类？并举例。
（3）汽车产生故障的原因有哪些？
（4）举例说明如何通过声音分析故障。
（5）举例说明如何通过气味分析故障。

模块 2　汽油发动机检测与故障诊断

任务 2.1　发动机不能启动

学习目标

◎ 掌握汽油发动机的点火系统、燃油供给系统、电控系统、机械系统的构造、工作原理。

能力要求

◎ 能够对点火系统进行正确的拆装及检查。
◎ 能够对燃油供给系统进行正确的拆装及检查。
◎ 能够对电控系统进行正确的拆装及检查。
◎ 能够对机械系统进行正确的拆装及检查。

任务导入

一辆帝豪 EC7 手动挡车辆,行驶里程为 5.6 万千米,用户反映启动时起动机不转,车辆没有反应,无法启动,无着火征兆。经维修人员分析判断,造成车辆无法启动的原因是发动机的点火系统、燃油供给系统、电控系统、机械系统中的一个或一个以上完全丧失了功能。

学习指引

为了能够对发动机的点火系统、燃油供给系统、电控系统、机械系统进行拆装、检修、故障排除,我们需要掌握发动机的点火系统、燃油供给系统、电控系统、机械系统的具体组成、构造和工作原理。

相关知识

电控燃油喷射发动机在设计上具有很好的启动性能。电控燃油喷射系统的一般故障通常不会导致发动机不能启动。如果发动机产生不能启动且无着火征兆的故障,原因一定是发动机的点火系统、燃油供给系统、电控系统、机械系统中的一个或一个以上完全丧失了功能。因此,发动机不能启动的故障诊断与排除应重点集中在上述四个系统中。

1. 点火系统故障分析

点火系统故障导致发动机不能启动的主要原因是点火系统不能点火。所以,诊断故障时,首先检查高压线是否有火花,确认点火系统是否存在故障。

造成点火系统无火花故障的原因通常有:火花塞故障、点火线圈故障、点火模块故障、点火控制线路连接不良故障、传感器故障。火花塞是点火系统中最容易损坏的零件,应重点检查。传感器故障需要使用诊断仪读取故障码,根据故障码排除对应故障。

1) 点火系统功用及条件

汽油机气缸内的混合气是由电火花点燃的,而电火花的产生是由点火系统实现的。为了使发动机在各种工况和使用条件下都能可靠而准确地着火。点火系统应满足以下三个条件:

(1) 能产生足以击穿火花塞间隙的电压。

(2) 电火花应具有足够的能量。

(3) 点火时间应与发动机的工作情况相适应。

如果点火系统产生故障或技术状况不佳,汽油机的动力性能、经济性能和排气净化性能就会大幅度降低,甚至发动机无法正常工作。

2) 点火系统的类型

汽油机有三种点火系统:传统点火系统、电子点火系统和计算机控制点火系统,如图2-1-1所示。

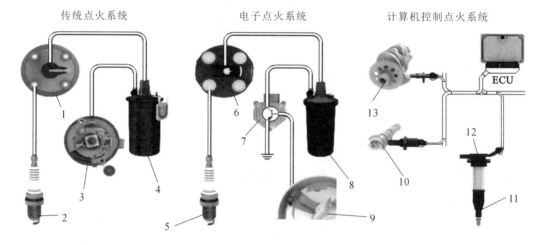

图2-1-1 点火系统的类型

1—配电器;2,5,11—火花塞;3—断电器;4,8,12—点火线圈;6—配电器;7—点火模块;
9—霍尔信号发生器;10—凸轮轴位置传感器;13—曲轴位置传感器

3) 点火系统的组成

点火系统的组成如图2-1-2所示。

4) 点火系统的工作原理

点火系统的工作原理如图2-1-3所示。

2. 燃油供给系统故障分析

燃油供给系统为发动机提供基本的动力原料。燃油供给系统正常工作是保证发动机良好运行的关键。燃油供给系统不供油会导致发动机无法启动。

燃油供给系统故障主要是无油压。故障原因可能是:油箱中无油、电动燃油泵故障、喷油器故障。

燃油供给系统组成及工作原理如图2-1-4所示。燃油供给系统一般由电动燃油泵、燃油箱、燃油滤清器、蓄电池、ECU、燃油分配管、燃油压力调节器、喷油器等组成。目前,一些车辆还采用

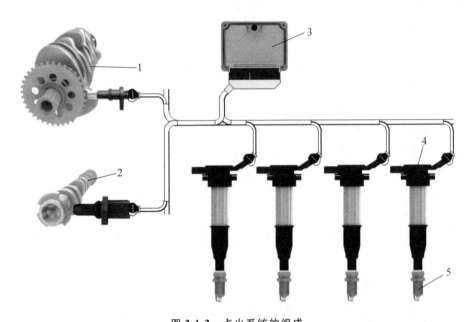

图 2-1-2 点火系统的组成

1—曲轴位置传感器；2—凸轮轴位置传感器；3—ECU；4—点火线圈；5—火花塞

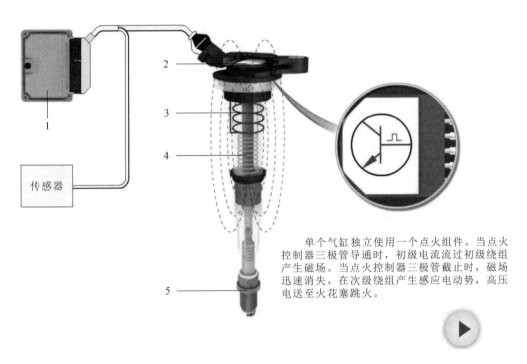

单个气缸独立使用一个点火组件。当点火控制器三极管导通时，初级电流流过初级绕组产生磁场。当点火控制器三极管截止时，磁场迅速消失，在次级绕组产生感应电动势，高压电送至火花塞跳火。

图 2-1-3 点火系统的工作原理

1—ECU；2—点火模块；3—初级线圈；4—次级线圈；5—火花塞

了新型无回油燃油供给系统,该系统取消了燃油压力调节器。发动机工作时,电动燃油泵将汽油从燃油箱泵出,经燃油滤清器过滤后,再经燃油压力调节器调压,将压力调整到比进气管压力高出约 250 kPa 的压力,然后经输油管配送给各个喷油器和冷启动喷油器,喷油器根据 ECU 发来的喷射信号,把适量汽油喷射到进气歧管中。当油路压力超过规定值时,燃油压力调节器工作,多余的汽油经回油管流回燃油箱中,从而保证配送给喷油器的燃油的压力不变。

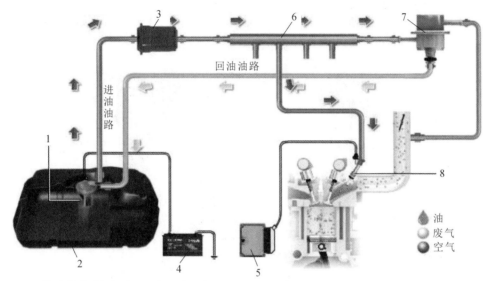

燃油供给系统的功用是根据发动机的不同工况需要,配制出一定数量和浓度的可燃混合气,供入气缸,并将燃烧后的废气排出气缸。

图 2-1-4　燃油供给系统组成及工作原理

1—电动燃油泵;2—燃油箱;3—燃油滤清器;4—蓄电池;5—ECU;6—燃油分配管;7—燃油压力调节器;8—喷油器

3. 电控系统故障分析

电控系统中的主要装置是传感器。影响发动机启动的传感器,包括影响点火系统点火的曲轴位置传感器、凸轮轴位置传感器,以及冷却液温度传感器、空气质量流量计。

曲轴位置传感器功用是将采集的曲轴位置信号输入 ECU,以便确定点火时刻和喷油时刻。如果曲轴位置传感器产生故障,ECU 将由于没有参考信息无法做出计算和判断,也无法使点火线圈工作。曲轴位置传感器如图 2-1-5 所示。

凸轮轴位置传感器功用是将采集的凸轮轴位置信号输入 ECU,作为判缸信号,从而控制喷油顺序和点火时刻等。凸轮轴位置传感器如图 2-1-6 所示。

图 2-1-5　曲轴位置传感器　　　　图 2-1-6　凸轮轴位置传感器

冷却液温度传感器检测发动机冷却液的温度,并将温度以电压信号的形式输入ECU。ECU根据获取的信号对基本喷油量、点火提前角和怠速转速等进行修正,如果冷却液温度传感器中的热敏电阻失灵,冷却液温度传感器将无法检测到冷却液温度,无法给ECU提供参考信号。冷却液温度传感器如图2-1-7所示。

空气质量流量计是计算发动机吸气量的电子测量装置,可将空气流量信号转换为电压信号输入ECU。ECU根据进气量信号、发动机转速信号即可计算出最佳喷油量,获得与发动机运转工况相适应的、浓度最佳的可燃混合气。如果空气质量流量计中的铂热丝表面有脏污,空气质量流量计的测量精度将受到影响。空气质量流量计如图2-1-8所示。

图 2-1-7 冷却液温度传感器

图 2-1-8 空气质量流量计

4. 机械系统故障分析

若上述检查均正常,则应进一步检测发动机气缸压缩压力。若气缸压缩压力低于车型技术要求规定值,则说明发动机机械系统有故障,应检查气缸密封性以确认故障原因。气缸压缩压力低应从密封和正时两个方面考虑。

气缸中,活塞、气门、气缸垫共同组成燃烧室,保证了气缸的密封性。活塞环折断或磨损严重、气门损坏或有积炭、气缸垫破损,均会导致气缸密封不良。

配气正时就是进排气门的实际开闭时刻。当活塞运动到一定位置时,进排气门不能正常打开或关闭,就会降低气缸压缩压力或无压力,导致发动机功率下降,甚至不能启动。

任务实施

1. 任务实施准备

(1) 汽车发动机实训室。

(2) 整车、举升机、汽车维修工具套装、万用表、汽车示波器、汽车故障诊断仪、维修手册。

2. 任务实施步骤

在进行故障诊断与维修之前,尝试启动发动机,仔细观察车辆状况,确认故障现象。根据故障现象初步判断可能发生故障的区域。

1) 第 1 步检查电控系统

主要检查电控系统传感器,按照"发动机故障指示灯长亮"的检查步骤操作。

(1) 发动机电控系统传感器的检测。

用万用表测量电控系统传感器电阻,将测量阻值与标准阻值进行比较,或用示波器检测其传出信号,将传出信号与标准信号进行比较,从而判断传感器是否正常。

电控系统主要传感器及其作用：

①曲轴位置传感器：检测活塞上止点TDC的信号，以便点火和喷油。曲轴位置传感器多装在曲轴的前端或后端，或在分电机中。曲轴位置传感器本身或线路不良时，可能产生下列故障：发动机无法启动、发动机加速不良、发动机怠速不稳、发动机间歇性熄火。可用示波器检测其波形信号或采用电阻检验法检测其电阻。霍尔式曲轴位置传感器如图2-1-9所示，曲轴位置传感器安装位置如图2-1-10所示。

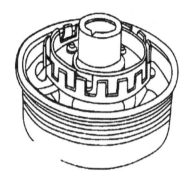
图2-1-9 霍尔式曲轴位置传感器

图2-1-10 曲轴位置传感器安装位置

②节气门位置传感器：产生节气门开度大小和快慢的信号，它在节气门轴的一端，与轴同步动作。节气门位置传感器本身或线路不良时，可能产生下列故障：发动机启动困难、怠速不稳、加速不良、容易熄火。利用万用表检测节气门位置传感器的电阻，将测量阻值与标准阻值进行比较即可判断节气门位置传感器的故障，怠速时，正常的节气门位置传感器上测得的电压应为0.5~1 V，全开节气门时应为4~5 V。节气门位置传感器如图2-1-11所示，其安装位置如图2-1-12所示。

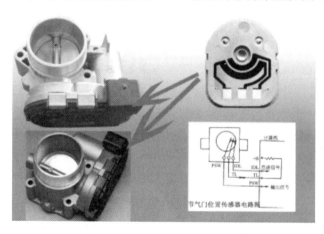
图2-1-11 节气门位置传感器

③进气压力传感器：提供发动机负荷信息和进气温度信息，可以将发动机进气管的压力转变为相应的电信号，发动机电子控制器根据该信号计算基本喷油时间、喷油量和点火提前角等。它可直接固定在进气管上，或在其他位置用软管与进气管连接。进气压力传感器本身或线路不良时，可能产生下列故障：发动机性能不良、启动困难、怠速不稳、油耗增大。不同类型的进气压力传感器，检测的项目不一样，压敏电阻式进气压力传感器检测时万用表选用直流电压挡，电容式进气压力传感器检测时万用表选用频率挡。进气压力传感器如图2-1-13所示。

图 2-1-12 节气门位置传感器安装位置

图 2-1-13 进气压力传感器

④空气流量传感器：安装在空气滤清器壳体与进气软管之间，感知空气流量的大小并将其转换成电信号输入 ECU。空气流量传感器本身或线路不良时，可能产生下列故障：发动机启动困难、怠速不稳、容易熄火、加速不良、油耗增大。常见的空气流量传感器按照结构可分为叶片（翼板）式、量芯式、热线式、热膜式、卡门涡旋式等空气流量传感器。不同类型的空气流量传感器的检测方式与数据标准不一样，具体可以参考各种类型传感器的相关标准。空气流量传感器如图 2-1-14 所示，其安装位置如图 2-1-15 所示。

图 2-1-14 空气流量传感器

图 2-1-15 空气流量传感器安装位置

⑤氧传感器：安装在排气管上，监控废气中氧的含量，以便调节空燃比的大小。氧传感器本身或线路不良时，可能产生下列故障：废气排放超标、怠速不稳、油耗增大。氧传感器接线方式有单线、双线、三线和四线四种。测试时，电压表连在氧传感器的信号线与接地端之间，检测电压。氧传感器温度必须达到 300 ℃ 以上才能正常工作。氧传感器如图 2-1-16 所示，其安装位置如图 2-1-17 所示。

图 2-1-16 氧传感器

图 2-1-17 氧传感器安装位置

⑥水温传感器：监测发动机冷却液温度，多安装在冷却液出口处。当水温传感器本身或线

路不良时,可能产生下列故障:发动机性能不良、怠速不稳、容易熄火、油耗增大。利用万用表检测水温传感器在不同温度下的电阻,并将测量阻值与标准阻值进行比较。水温传感器如图 2-1-18 所示,其安装位置如图 2-1-19 所示。

 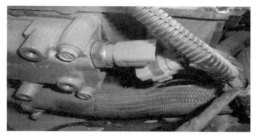

图 2-1-18　水温传感器　　　　　　图 2-1-19　水温传感器安装位置

⑦进气温度传感器:监测进气温度,多安装在进气主管上。当进气温度传感器本身或线路不良时,可能产生下列故障:发动机性能不良、怠速不稳、容易熄火、油耗增大。利用万用表检测进气温度传感器在不同温度下的电阻,并将测量阻值与标准阻值进行比较。进气温度传感器如图 2-1-20 所示,其安装位置如图 2-1-21 所示。

图 2-1-20　进气温度传感器　　　　图 2-1-21　进气温度传感器安装位置

⑧车速传感器:提供车速信号,多安装在变速器输出轴后端。车速传感器本身或线路不良时,可能产生下列故障:发动机不能启动、发动机突然熄火、功率减小、油耗增大、有害气体浓度增大。利用示波器检测其输出信号波形,或采用电阻检验法、电压检验法进行诊断。车速传感器如图 2-1-22 所示,其安装位置如图 2-1-23 所示。

 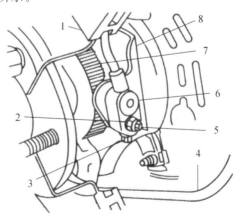

图 2-1-22　车速传感器　　　　　　图 2-1-23　车速传感器安装位置

1—轮毂;2—钢套;3—5 mm 固定螺丝;4—后盾;5—锁紧螺栓;
6—后轮传感器;7—齿圈;8—传感器支架

⑨爆震传感器：监测爆震信号，调节点火时间，多安装在燃烧室附近的气缸盖上。爆震传感器本身或线路不良时，可能产生下列故障：点火时刻不正确、发动机加大油门时有爆震现象、油耗增大。用万用表测量爆震传感器的插座和插头。任何两端子之间都不应有短路现象。爆震传感器如图 2-1-24 所示，其安装位置如图 2-1-25 所示。

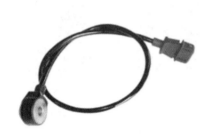
图 2-1-24　爆震传感器

图 2-1-25　爆震传感器安装位置

（2）汽车故障诊断仪的使用。

发动机具有自我诊断系统，可用故障诊断仪读出控制单元（ECU）储存的故障码。

故障诊断仪，如图 2-1-26 所示。故障诊断仪有两种，一种称为通用诊断仪，另一种称为专用诊断仪。通用诊断仪的主要功能有：故障码读取和清除、动态数据参数显示、传感器和部分执行器的功能测试与调整、某些特殊参数的设定、维修资料及故障诊断提示、路试记录等。通用诊断仪可测试的车型较多。专用诊断仪是汽车生产厂家的专业测试仪，不仅具有通用诊断仪的各

图 2-1-26　故障诊断仪

种功能，还具有参数修改、数据设定、防盗密码设定及更改等特殊功能。专用诊断仪只适用于本厂家生产的车型。

汽车数据流是指电子控制单元（ECU）同传感器和执行器交流的数据参数通过诊断接口由故障诊断仪读取的数据，随时间和工况而变化。数据流真实地反映了各传感器和执行器的工作电压和状态，为汽车故障诊断提供依据。数据流只能通过故障诊断仪读取。使用汽车故障诊断仪进行数据流分析的基本知识有：

①分析节气门开度：节气门开度的数值表示发动机 ECU 接收到的节气门位置传感器信号值，或根据该信号计算出的节气门开度的大小。其绝对值小，则表示节气门开度小；绝对值大，则表示节气门开度大。

②分析发动机转速：发动机转速的数值由电控汽油喷射系统 ECU 或汽车动力系统 PCM 根据发动机点火信号或曲轴位置传感器的脉冲信号计算而得，反映了发动机的实际转速。

③分析启动时的冷却液温度：检测仪会将 ECU 数据流中的启动时的冷却液温度信号以启动温度的形式显示出来，可以将该参数的数值和发动机冷却液温度的数值进行比较，以判断冷却液温度传感器工作是否正常。

④分析氧传感器的工作状态：氧传感器作为测量发动机混合气浓稀状态的主要传感器，它必须被加热至 300 ℃以上才能向 ECU 提供正确信号，ECU 必须处于闭环状态才能对氧传感

器的信号做出反应。

⑤分析 5 V 基准电压：大部分汽车的 ECU 的基准电压是 5 V 左右。该电压是衡量 ECU 工作是否正常的一个基本标志。

⑥分析喷油脉宽：喷油脉宽是发动机 ECU 控制喷油器每次喷油的时间长度，是判断喷油器工作是否正常的最主要的指标。

⑦分析进气怠速控制：进气怠速控制表示 ECU 所控制的发动机节气门体上的怠速控制阀的开度。

⑧分析点火提前角：点火提前角表示由 ECU 控制的总点火提前角（包括基本点火提前角）。它取决于发动机的工况及有关传感器的信号。

⑨分析进气管压力：进气管压力表示由进气管压力传感器传给 ECU 的信号电压，或表示 ECU 根据这一信号电压计算出的进气管压力数值。

⑩分析空气流量：空气流量表示发动机 ECU 接收到的空气质量流量计的进气量信号。

⑪分析进气温度：进气温度数值由 ECU 按进气温度传感器的信号计算而得出。

在发动机处于不同转速、不同工况下，信号值均有不同的变化，通过比较每种信号值同参考标准值和分析信号值的变化，可以判断传感器或执行器是否损坏。

汽车故障诊断仪的具体使用方法可以参考其说明书，一般在连接好故障诊断仪后，先读取数据流，通过数据流判断产生故障的位置。屏幕上显示的每个数据组及数据组中显示值的意义和标准也可参考说明书。

2）第 2 步检查点火系统

点火线圈及火花塞如图 2-1-27 所示。

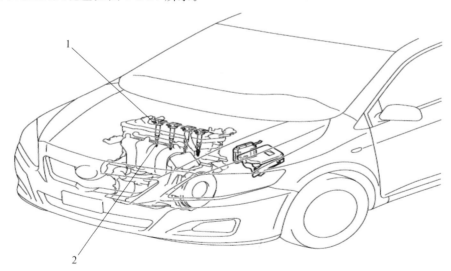

图 2-1-27　点火线圈及火花塞

1—点火线圈；2—火花塞

（1）电路故障诊断。

发动机因点火系统故障而不能启动时，其诊断区段可分为低压电路、高压电路、高低压电路。下文分别介绍了低压电路故障和高压电路故障的诊断流程。其中，低压电路断路故障诊断流程如图 2-1-28 所示，低压电路短路故障诊断流程如图 2-1-29、图 2-1-30 所示，高压电路故

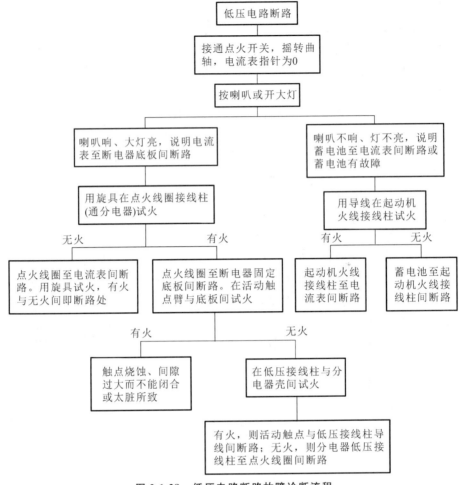

图 2-1-28 低压电路断路故障诊断流程

障诊断流程如图 2-1-31 所示。

（2）拆装火花塞、检查火花塞技术状况。

拆火花塞的步骤为：拔下高压线，拔下高压线插头时应轻柔，操作时不可用力摇晃火花塞绝缘体；冷却发动机；用一根软管逐一吹净火花塞周围的污物，以防止火花塞旋出后污物落入燃烧室内；旋松所要拆卸的火花塞。

装火花塞的步骤为：先用套筒将火花塞对准螺孔，轻轻拧入，拧到约螺纹全长的 1/2 后，再用加力杠杆紧固。若拧动时手感不畅，应退出检查是否对正螺口或螺纹中有无夹带杂质，切不可盲目加力紧固，以免损伤螺孔，殃及缸盖，特别是铝合金缸盖。

检查火花塞技术状况的方法有：

①触摸法。启动发动机，使其怠速运转，用手触摸火花塞绝缘陶瓷部位，如温度上升得很快，表明火花塞正常，反之不正常。

②短路法。启动发动机，使其怠速运转，然后用螺钉旋具逐缸对火花塞进行短路，听发动机转速和响声的变化。转速和响声变化明显，表明火花塞正常，反之不正常。

③跳火法。旋下火花塞，放在气缸体上，用高压线试火，若无火花或火花较弱，表明火花塞漏电或不工作。

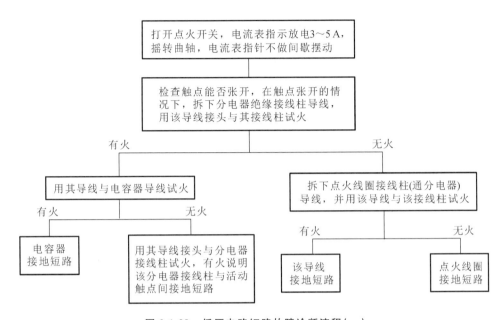

图 2-1-29　低压电路短路故障诊断流程(一)

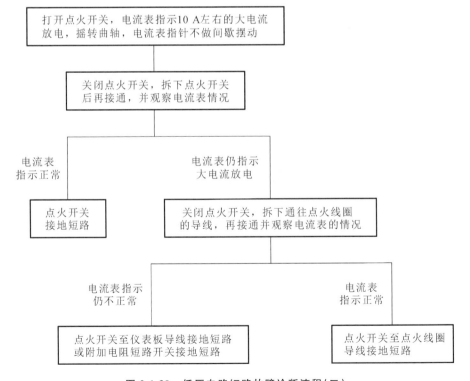

图 2-1-30　低压电路短路故障诊断流程(二)

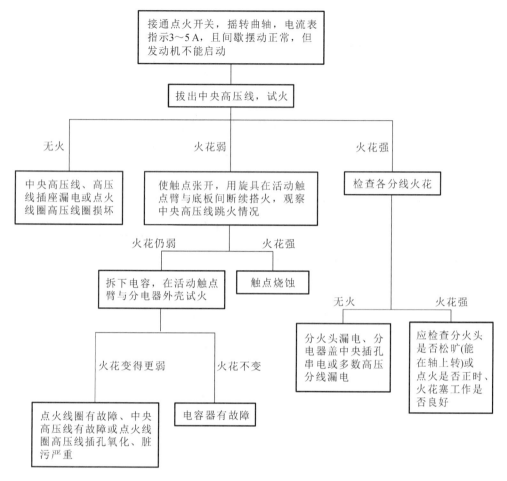

图 2-1-31　高压电路故障诊断流程

④观色法。拆下火花塞观察,如为赤褐色或铁锈色,表明火花塞正常;如为渍油状,表明火花塞间隙失调或供油过多,高压线短路或断路;如为烟熏之黑色,表明火花塞冷热型选错或混合气浓,机油上窜;如顶端与电极间有沉积物,为油性沉积物时,说明气缸窜机油与火花塞无关,为黑色沉积物时,说明火花塞积炭,为灰色沉积物时,说明汽油中添加剂覆盖电极导致缺火;若严重烧蚀,如顶端起疤、有黑色花纹破裂、电极熔化,表明火花塞损坏。图 2-1-32 所示为良好的火花塞,图 2-1-33 所示为烧蚀的火花塞。

⑤间隙测量。用专用量规或厚薄规检查,但厚薄规所测值不太准确。

⑥间隙调整。应用专用工具扳动侧电极来调整,不能扳动或敲击中心电极。

故障诊断:

①电极熔化且绝缘体呈白色,表明燃烧室温度过高,这可能是燃烧室内积炭过多导致的。

②电极变圆且绝缘体结有疤痕,表明发动机早燃,这可能是点火时间过早或者汽车辛烷值低、火花塞热值过高等导致的。

③绝缘体顶端碎裂。爆燃是绝缘体破裂的主要原因,点火时间过早、汽油辛烷值低、燃烧室内温度过高,也都可能导致发动机爆燃。

④绝缘体顶端有灰黑色条纹,表明火花塞已经漏气,应更换新件。

图 2-1-32 良好的火花塞

图 2-1-33 烧蚀的火花塞

(3) 高压线试火步骤及高压线电阻的检查。

高压线如图 2-1-34 所示,其试火步骤如下:

①拔下配电器盖上的中心高压线并检查高压线。采用逐一拔下、逐一插回的方法来检查高压线,以避免因插错高压线,发动机无法启动。

②使线端距发动机机体 6～8 mm,启动发动机,观察高压跳火情况。如果不能跳火,表明故障在低压电路或点火线圈。如果能跳火,表明低压电路和点火线圈正常,故障在配电器或火花塞。

③拔下配电器盖上的中心高压线,试火正常时,可装回高压线。

图 2-1-34 高压线

④再从火花塞上拔下分缸高压线。

⑤使线端与缸体相距 6～8 mm,启动发动机,观察跳火情况。若火花强,表明配电器和分缸高压线正常,故障在火花塞;若无火花,表明故障在分火头、配电器盖或分缸高压线。

高压线电阻的检查:用万用表测量高压线电阻时,中央高压线电阻的标准值为 0～2.8 Ω,分缸高压线电阻的标准值为 0.6～7.4 Ω。

高压无火故障可采用经验法诊断。

现象有:

①分缸高压线火花正常,发动机难以启动。

②分缸高压线火花无火,中央高压线火花正常。

③中央高压线无火或火弱,低压电路正常。

诊断步骤为:

①采用试火法试火。若低压电路正常,中央高压线无火,则故障主要在点火线圈和中央高压线;若中央高压线火花正常,分缸高压线无火,则故障主要在分电器盖、分火头和分缸高压线;若分缸高压线火花正常,则故障在火花塞。

②检查高压线外表绝缘层是否破损、漏电,并测量中央高压线和分缸高压线的电阻。

③检查分火头是否有裂纹、漏电等,查看插孔是否烧蚀。

④检查分电器盖是否有裂纹、漏电、烧蚀。
⑤检查火花塞技术状况。
(4) 点火正时。

点火正时是指正确的点火时刻,一般用点火提前角表示。

从点火时刻开始到活塞到达压缩上止点为止,在这段时间内曲轴转过的角度称为点火提前角。能使发动机获得最佳排放性能的点火提前角称为最佳点火提前角。

点火时间过早会造成:
①启动汽车时,发动机转动发沉(启动困难),有顿挫感;
②急速时,发动机抖动,有灭车现象;
③急加速时有敲缸声;
④着车后,使用过程中,发动机水温高、常开锅。

点火时间过晚会造成:
①发动机发闷、无力,甚至过热,在突然加大节气门开度时,发动机转速不能随之增大,燃油消耗量增大;
②急加速时,排气管有时放炮。

点火正时采用频闪法、缸压法等检测。

①频闪法测点火正时(如图 2-1-35 所示)。频闪法使用正时灯来检测传统点火系统的点火正时。正时灯(无电位计、有电位计)如图 2-1-36、图 2-1-37 所示。检测步骤包括仪器准备和发动机准备。仪器准备步骤为:将正时灯的两个电源夹,夹到蓄电池的正、负电极上,红色夹接正极,黑色夹接负极;将正时灯的外卡式传感器卡在 1 缸高压线上;将正时灯的电位器退回到初始位置,打开正时灯开关,正时灯应闪光,指示装置应指示零位。发动机准备步骤为:擦拭飞轮或曲轴传动带盘上 1 缸上止点标记;预热发动机至正常工作温度。检测方法为:发动机怠速下稳定运转,打开正时灯并对准飞轮壳或发动机机体前端面上的固定标记;调整正时灯电位器,使飞轮或曲轴传动带盘上的活动标记逐渐与固定标记对齐,此时表头的读数即为发动机怠速运转时的点火提前角;用同样的方法分别测出不同工况时的点火提前角;检测完毕,关闭正时灯,取下外卡式点火传感器和两个电源夹。

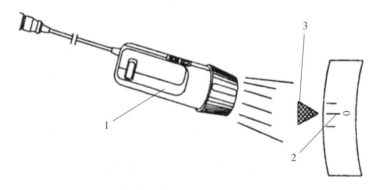

图 2-1-35 频闪法测点火正时
1—正时枪;2—固定标记及刻度盘;3—活动标记

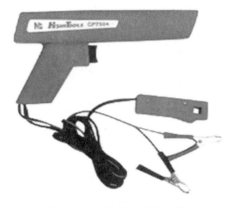
图 2-1-36　正时灯(无电位计)

图 2-1-37　正时灯(有电位计)

②缸压法测点火正时。采用缸压传感器找出某一缸压缩压力的最大点作为活塞上止点，同时用点火传感器找出同一缸的点火时刻，两者之间的凸轮轴转角即为点火提前角。检测步骤为：预热发动机至正常工作温度；拆下任意一缸的火花塞，装上缸压传感器；在拆下的火花塞上仍接原高压线，在高压线与火花塞之间接点火传感器或在高压线上卡上外卡式点火传感器，然后将火花塞放置在发动机机体上，确保火花塞与发动机机体接触良好；启动发动机，使发动机怠速运转。通过按键或输入操作码，即可从指示装置得到怠速运转下的点火提前角及相应的转速；测得的点火提前角如不符合规定，应在正时灯监测下重新调整，直到符合要求；用同样的方法改变发动机转速，即可测得发动机在任意转速下的点火提前角及相应的转速。

(5) 点火示波器及点火波形的观测。

汽油机点火系统的技术状况可以通过汽车的专用示波器或发动机综合性能分析仪上的示波器来分析。按照仪器的使用说明书，在示波器上得出波形，一般示波器会输出以下几种波。

①平列波。将按点火次序将各缸点火波形首尾相连、一字排开的波称为平列波，图 2-1-38 所示为标准四缸次级电压的平列波形，其主要用于分析次级电压的故障、各缸次级击穿电压是否均衡、火花电压是否均衡、火花电压是否有差异。

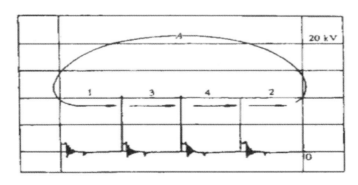
图 2-1-38　标准四缸次级电压的平列波形

②并列波。将各缸的点火波形始点对齐、由上至下按点火次序排列形成的波称为并列波，图 2-1-39 所示为标准四缸初级电压的并列波形。从该图可以看到各缸的全貌，分析各缸闭合角、开起角以及各缸火花塞的工作状态十分方便，如使用 TDC 传感器或频闪灯将上止点信号标于一缸电压波形上就可以检测到点火提前角。

③重叠波。将各缸的点火波形起始点对齐,全部重叠在一个水平位置上形成的波称为重叠波,图 2-1-40 所示为次级电压重叠波。如果触点式点火系统的分电器凸轮磨损不均匀或凸轮轴磨损严重将会导致波形重叠不良,一般重叠角不能超过周期的 5%。

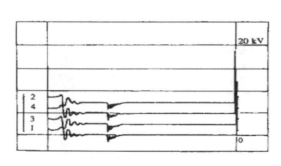

图 2-1-39　标准四缸初级电压的并列波形

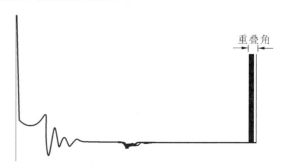

图 2-1-40　次级电压重叠波

④单缸点火波。无论是传统的点火系统,还是无接触点电子点火系统或由计算机控制的点火系统,都是由点火线圈通过互感作用把低压电转变为高压电,通过火花塞跳火点燃混合气做功的。点火系统低压部分、高压部分的变化过程是有规律的。因此,把实际测得的点火系统点火电压波形与正常工作情况下的点火电压波形进行比较并分析,即可判断点火系统的技术状况的好坏及故障所在。图 2-1-41 所示为单缸点火波形。

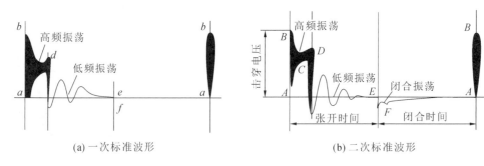

(a) 一次标准波形　　　　　　　　　　(b) 二次标准波形

图 2-1-41　单缸点火波形

通过相关标准图形与实际图形的比较,以及四种波形图各自特点的比较,可以很方便地得到汽油机点火系统的技术状况。

3) 第 3 步检查燃油供给系统

燃油供给系统的故障可以通过检测相应元件,一步步诊断出来。

(1) 电动燃油泵的检测。

首先将点火开关置于"ON",但不要启动发动机,然后在燃油箱加油口处仔细听,同时用手指触摸燃油滤清器的进油软管。如果能听到电动燃油泵转动的"嗡嗡"声,并且感觉到燃油输送的脉冲压力,则说明电动燃油泵运转正常,否则说明电动燃油泵不工作,此时应检查其导线、继电器等线路是否断路。

(2) 用燃油压力表检测汽油发动机燃油压力和燃油压力调节器。图 2-1-42 所示为燃油压力表,图 2-1-43 所示为燃油压力的测量。

将燃油供给系统残余压力释放后,把压力表安装在汽油分配管的供油管上,打开汽油压力表开关,测量:

图 2-1-42 燃油压力表

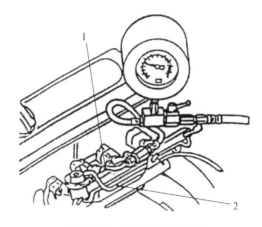

图 2-1-43 燃油压力的测量
1—供油软管；2—回油管

①点火开关置于"ON"但不启动发动机时，燃油压力表的值。

②启动发动机急速运转后：拔下真空管时系统油压；不拔真空管时系统油压；接上真空管，轰一下油门时系统油压；关闭点火开关，10 min 后系统油压。

测量完毕后，释放系统压力并拆下燃油压力表，装复燃油管路。对照所测车型的燃油压力标准值，确认故障。

对于帝豪 EC7 发动机，点火开关置于"ON"时燃油压力应为 300 kPa 左右；停车 10 min 后，残压应大于 150 kPa；急速运转时标准油压为 250 kPa±20 kPa；加速运转时标准油压为 280～300 kPa。

故障诊断：

①点火开关置于"ON"时，若油压过高，检查燃油压力调节器是否损坏；若油压过低，检查燃油泵的供油能力是否正常、油管和滤清器是否堵塞、燃油压力调节器是否损坏。若急速运转和加速运转时，燃油压力不符合标准，则说明燃油压力调节器损坏。

②接上燃油压力调节器的真空软管时，燃油压力值应有所下降，否则检查真空管是否堵塞和漏气。

③发动机熄火 10 min 后，若残余系统压力小于 150 kPa，则检查喷油器是否有滴油故障。

(3) 喷油器电阻、供电线路电压及喷油量的检测。

发动机热车后急速运转时，用旋具或听诊器(触杆式)接触喷油器，通过测听各缸喷油器工作的声音来判断喷油器是否工作。在发动机运转时应能听到喷油器有节奏的"嗒嗒"声，这是喷油器在电脉冲作用下喷油的工作声。若各缸喷油器工作声音清脆均匀，则各喷油器工作正常；若某缸喷油器的工作声音很小，则该缸喷油器工作不正常，原因可能是针阀卡滞，应做进一步的检查；若听不见某缸喷油器的工作声音，则该缸喷油器不工作，应检查喷油器及其控制线路。

①喷油器电阻、供电线路电压的检测。关闭点火开关，取下喷油器插头，用万用表测喷油器电阻，读取电阻值，喷油器电阻检测如图 2-1-44 所示。用万用表测喷油器供电线路电压，读取电压值。装回喷油器插头。喷油器电阻值一般为 13～18 Ω(高阻抗型)或 2～3 Ω(低阻抗型)，每种汽车的喷油器检修标准可参考相应的维修手册。每个喷油器的供电线路电压应为

12 V 左右。若喷油器的电阻值超出标准值,则应更换喷油器。若蓄电池电压正常,喷油器供电线路电压太低或无电压,则需进一步检查喷油器的供电线路。

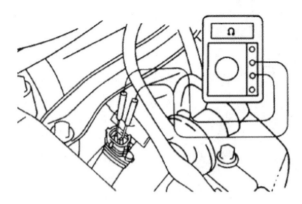

图 2-1-44 喷油器电阻检测

②喷油器喷油量的检测。检测步骤:释放燃油供给系统压力后,拆下喷油器,将其安装到喷油器试验台上,接好控制插头;打开试验台开关,选择怠速运转,测量 30 s 喷油量、喷油形状、渗漏量;关闭试验台开关,观察喷油器每分钟滴油量;取下喷油器,将其装回发动机上。检测标准:30 s 喷油量标准为 70~80 mL,各缸喷油量相差不超过 10%,喷雾为小于 35°圆锥雾状,燃油均匀细密,喷停干脆。关闭试验台开关后,每分钟喷油器滴油不多于 1 滴。

4)第 4 步检查机械系统

(1)发动机功率的检测。

发动机的有效功率是曲轴对外输出的功率,是一个综合性能评价指标,也是汽车不解体检验最基本的诊断参数之一。发动机功率的检测方法有稳态测功和动态测功两种。

①稳态测功(有负荷测功或有外载测功)。

稳态测功是指在节气门开度一定、转速一定和其他参数一定的条件下,在测功器上测定发动机功率的一种方法。常见的测功器有水力测功器、电力测功器和电涡流测功器三种。稳态测功时,发动机的有效功率 P_e(kW)、有效转矩 T_e 和转速 n 具有下列关系:

$$P_e = \frac{T_e n}{9\,550}$$

式中　T_e——发动机有效转矩(N·m);

　　　n——发动机转速(r/min)。

稳态测功结果比较准确、可靠,多为院校和科研单位做性能试验所采用。但稳态测功费时费力、成本较高,并且需要大型、固定安装的测功器。汽车维修企业和汽车检测站采用不多。

②动态测功(无负荷测功或无外载测功)。

动态测功是指在发动机节气门开度和转速等参数处于变动状态下,测定发动机功率的一种方法。当发动机在怠速或空载某一转速下,突然全开节气门,使发动机克服自身惯性和内部各种运转阻力而加速运转,其加速性能的好坏能直接反映出发动机功率的大小。

动态测功所用仪器轻便,测功速度快,方法简单,用小巧的无负荷测功仪就车检测即可。虽然测功精度不如稳态测功的精确,但是它可满足汽车维修等单位在不解体条件下进行就车试验测定发动机功率的需求。

(2) 无负荷测功方法。

①常用总功率测试方法有怠速加速法和启动加速法两种。

怠速加速法。发动机在怠速下稳定运转,迅速将节气门开到最大位置,发动机转速急速增大,当转速达到所确定的测试转速(测瞬时功率)或超过终止转速时,仪表显示出所测功率值。然后应立即松开加速踏板,以避免发动机长时间高速运转。记录或打印出读数后,按"复零"键使指示装置复零。为保证汽车测试结果可靠,一般重复测量3次取其平均值。该测试方法既适用于汽油机,又适用于柴油机。

启动加速法。首先将节气门开至最大位置,然后启动发动机,使其加速运转,当其转速达到确定值或超过终止转速时,仪表显示出测试值。启动加速法可用于化油器式汽油机,由于排除了化油器加速泵的附加供油作用,因此还可检查化油器的调整状况。

②单缸功率的检测方法。

发动机正常工作情况下,其输出功率等于各缸功率之和。因此利用无负荷测功仪检测单缸功率的方法是:首先测量各缸都工作时的发动机功率,然后测量在所测气缸断火(或柴油机输油管断开)情况下的发动机功率,两者功率之差即为断火气缸的单位功率。

(3) 用发动机无负荷测功仪检测发动机功率。

发动机无负荷测功仪如图 2-1-45 所示。

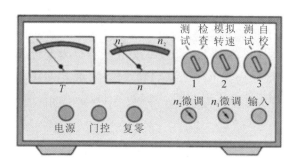

图 2-1-45　发动机无负荷测功仪

①测量准备。

首先预热发动机无负荷测功仪,调校发动机无负荷测功仪;然后进行汽车准备工作:预热发动机至正常工作温度,使发动机怠速正常,将变速器置于空挡;最后安装转速传感器。

②测量操作。

迅速将加速踏板踩到底,此时发动机转速迅速增大,当"T"表指针显示加速时间(或功率)时,立即松开加速踏板。通过加速时间和功率的对应关系图或表,查出对应的发动机功率值。记下读数,仪器复零。重复操作三次,取平均值作为测量结果。

③检测标准。

根据测定结果,对发动机技术状况做出判断。在用发动机功率不得低于原额定功率的75%,大修后发动机功率不得低于原额定功率的90%。

④故障诊断。

a.若发动机功率偏低,则为发动机机油、电路故障,应对机油、电路进行检查和调整。

b.使任一气缸不工作,发动机转速都会有相同的下降值,要求最高与最低下降值之差不大于平均下降值的30%。

c. 使任一气缸不工作,若转速下降值低于规定值,说明断火的气缸工作不良。当下降值等于零时,说明该缸不工作。

当发动机单缸功率偏低时,需按下列顺序进行排查:

a. 该缸高压分缸线是否短路或断路。

b. 通过"试火"检查火花塞技术状况是否良好。

c. 气缸密封性是否良好。

(4) 气缸压缩压力是否正常。

检测活塞到达压缩上止点时气缸压缩压力的大小。

① 检测条件。预热发动机至正常工作温度,用起动机带动已拆除全部火花塞或喷油器的发动机运转,其转速应符合原厂规定。

② 检测步骤。拆下发动机空气滤清器,用压缩空气吹净火花塞或喷油器周围的脏物,拆下全部火花塞或喷油器,并按气缸顺序放置。对于汽油发动机,还应把点火系二次高压总线从分电器端拔下并可靠搭铁,以防止电击或着火。然后,把气缸压力表的橡胶接头插在被测缸的火花塞或将节气门(带有阻风门的还包括阻风门)置于全开位置,用起动机转动曲轴 3~5 s(不少于 4 个压缩行程),待气缸压力表指针指示并保持最大压力后停止转动。取下气缸压力表,记录读数,按下单向阀使气缸压力表指针回零。

③ 诊断参数标准。对于在用汽车发动机,按照国家标准 GB 18565—2001《营运车辆综合性能要求和检验方法》的规定,发动机各气缸压力应不小于原设计规定值的 85%;每缸压力与各缸平均压力的差:汽油机应不大于 8%,柴油机应不大于 10%。对于大修后发动机,按照国家标准 GB/T 15746.2—1995《汽车修理质量检查评定标准 发动机大修》附录 B 的规定:气缸压缩压力应符合原设计规定;每缸压力与各缸平均压力的差:汽油机不超过 8%,柴油机不超过 10%。

(5) 气缸漏气量的检测。

使用气缸漏气量检测仪检测气缸漏气量,检测的基本原理是将压缩空气充入气缸,用压力表检测当活塞处于压缩终了上止点时气缸内的压力,用以反映整个气缸组的密封性。即其不仅能反映气缸活塞摩擦副的密封性,还能反映进排气门、气缸衬垫、气缸盖及气缸的密封性。气缸漏气量检测仪如图 2-1-46 所示。

图 2-1-46 气缸漏气量检测仪

① 气缸漏气量检测仪检测步骤。

a. 预热发动机,拧下所有火花塞,装上充气嘴。

b. 将仪器接上外部气源,使测量表指针指在 400 kPa 处。

c. 卸下发动机分电器盖和分火头,装上指针和活塞定位盘。

d. 摇转曲轴,使 1 缸活塞到达压缩终了上止点。

e. 在 1 缸充气嘴上接上快换管接头,向 1 缸充入压缩空气,测量表指针稳定后的读数便反映了该缸的密封性。

② 气缸漏气率的检测。

气缸漏气率的检测与气缸漏气量的检测是一致的,只不过气缸漏气量测量表的标定单位为 kPa 或 MPa,而气缸漏气率测量表的标定单位为%。

(6) 进气管真空度的检测。

发动机进气管真空度是指进气管内的进气压力与外界大气压力的差值。它随着气缸密封性的变化而变化。

$$\Delta p_x = p_0 - p_x$$

式中　p_x——进气压力;
　　　p_0——大气压力。

一般在怠速下检测进气管真空度,此时进气管真空度数值较稳定,并且真空度比较大。进气管真空度可以反映气缸-活塞组、进气管的密封性。

① 检测工具及检测步骤。

进气管真空度用真空表检测,真空表由表头和软管构成,软管一头固定在真空表上,另一头可方便地连接在进气管上的检测孔上。检测步骤为:预热发动机至正常工作温度;将真空表软管与进气管上的检测孔相连;将变速器置于空挡,使发动机怠速稳定运转;在真空表上读取真空度读数。

② 检测结果分析。

根据进气管真空度检测结果,可以判断发动机的技术状况和故障。

a. 在海平面高度发动机怠速运转时,若真空度指针稳定在 57～70 kPa 之间,则表明气缸密封性良好。海拔每升高 500 m,真空度应减小 4～5 kPa。

b. 在发动机怠速运转时,若真空度指针在 50.66～67.55 kPa 之间有规律地摆动,表明气门黏滞或点火系统有故障。

c. 当气门关闭时,若真空度有规律地迅速减小 10～16 kPa,表明气门与导管卡滞。

d. 如果气门弹簧折断或弹力不足,发动机以 500 r/min 左右的转速运转,则真空表指针在 33～74 kPa 范围内迅速摆动,某一只气门弹簧折断,指针将相应的产生快速波动。

e. 如果气门导管磨损松旷,则真空表读数较正常值小 10～13 kPa,且缓慢地在 47～60 kPa范围内摆动。

f. 如果活塞环磨损严重,则发动机转速增至 2 000 r/min 时,突然关闭节气门,真空表迅速跌落至 6～16 kPa;关闭节气门时,指针不能回到 83 kPa。

g. 如果气缸垫窜气,真空表读数会从正常值突然跌落至 33 kPa,当泄漏气缸进入工作行程时,指针又回到正常值。

h. 如果混合气过稀,则指针不规则跌落,如果混合气过浓,则指针缓慢摆动。

i. 进气支管衬垫漏气与排气系统堵塞。进气支管衬垫漏气时,真空表指示值比正常值小 10～30 kPa;排气系统堵塞时,发动机转速增至 2 000 r/min,突然关闭节气门,真空表指针从 83 kPa 跌落至 6 kPa 以下,并迅速回到正常值。

j. 如果点火过迟,则真空表指针稳定地指示在 47～57 kPa 之间。

k. 如果气门开启过迟,则真空表指针稳定地指示在 27～50 kPa 之间。

l. 如果火花塞电极间隙太小,断电器触点接触不良,则真空表指针缓慢地在 47～54 kPa 之间摆动。

③ 检测标准。

根据GB/T 3799.1—2005《商用汽车发动机大修竣工出厂技术条件　第 1 部分:汽油发动

机》规定:大修竣工的四行程汽油机转速在500～600 r/min时,以海平面为准,进气管负压应在57.33～70.66 kPa范围内。

波动范围:六缸汽油机一般不超过3.33 kPa,四缸汽油机一般不超过5.07 kPa。

(7) 曲轴箱窜气量的检测。

曲轴箱窜气量检测仪及其结构分别如图2-1-47、图2-1-48所示。曲轴箱窜气量与发动机功率、比油耗的关系如图2-1-49所示。

图 2-1-47 曲轴箱窜气量检测仪

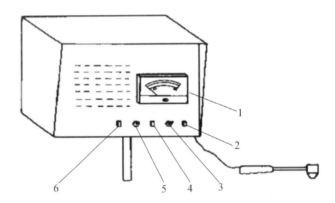

图 2-1-48 曲轴箱窜气量检测仪结构

1—指示仪表;2—预测按钮;3—预调旋钮;4—挡位开关;5—调零旋钮;6—电源开关

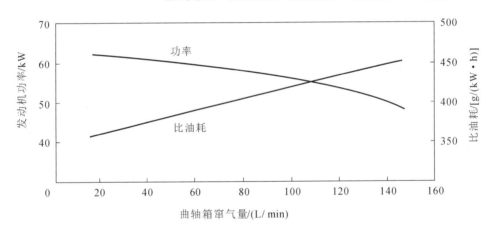

图 2-1-49 曲轴箱窜气量与发动机功率、比油耗的关系

① 测试过程。

a. 调整测量表头。按"电源"键和"低挡"键,传感器线插入插孔,测量接头平放,中心孔无气流通过,将表头指针调整到零位。

b. 堵塞曲轴箱各通风孔、油尺孔等,仅保留加机油口为窜气孔。

c. 气压制动汽车的发动机须拆除空气压缩机,以免气体通过回油孔充入曲轴箱,从而影响窜气量的测量。

d. 启动发动机,在正常热状态下开始测试。

② 测试结果分析。

a. 在用发动机的曲轴箱窜气量应符合标准,其标准一般为同车型测量累积的数据。

b. 在定期检测中,若某次窜气量测量值突然明显增大,则可能是活塞环对口所致;在变动工况测试时,若稳定低速时的窜气量比高速时的窜气量大,说明活塞环磨损且已接近使用极限。

c. 在某一稳定转速检测时,若指针以一定幅度无规律摆动,说明有拉缸或断环故障。

对曲轴箱窜气量还没有制定出统一的诊断标准,有些维修企业自用的企业标准一般是根据具体车型逐渐积累资料制定的。曲轴箱窜气量大,一般是气缸、活塞、活塞环磨损量大,活塞环与气缸、活塞的各部分间隙大,活塞环对口、结胶、积炭、失去弹性、断裂及缸壁拉伤等原因造成的,应结合使用、维修和配件质量等情况进行深入诊断。

习题及思考题

(1) 氧传感器有哪些类型?如何检测?
(2) 如何判断火花塞的技术状况?
(3) 如何检测燃油供给系统的油压?

任务 2.2 发动机怠速不稳

怠速不稳是电控燃油喷射发动机最常见的故障之一,有怠速熄火、怠速不稳、怠速过高等表现形式。造成怠速不稳的原因很多,常常由几种原因综合引起。该故障牵涉面很广,维修困难。在故障诊断与排除过程中,要根据故障的具体表现来分析故障原因。下面介绍几种不同形式的怠速不稳故障诊断与排除方法。

学习目标

◎ 掌握汽油发动机的进气系统、点火系统、燃油供给系统、机械系统的构造、工作原理。

能力要求

◎ 能够对进气系统进行正确的拆装及检查。
◎ 能够对点火系统进行正确的拆装及检查。
◎ 能够对燃油供给系统进行正确的拆装及检查。
◎ 能够对机械系统进行正确的拆装及检查。

任务导入

一辆本田雅阁轿车(装用2.2 L电控汽油喷射发动机),发动机经过拆装后,在工作时故障指示灯常亮,怠速不稳,且开启空调后转速明显减小。经维修人员分析判断,造成发动机怠速不稳的原因有多种,但该车发动机故障指示灯常亮,应先检查造成发动机故障指示灯常亮的相关原因,发动机的进气系统、点火系统、燃油供给系统、机械系统中的一个或一个以上完全丧失了功能,导致该车怠速不稳。

学习指引

为了能够对发动机的进气系统、点火系统、燃油供给系统、机械系统进行拆装、检修、故障排除,我们需要掌握发动机的进气系统、点火系统、燃油供给系统、机械系统的具体组成、构造和工作原理。

相关知识

1. 进气系统故障分析

进气系统故障原因有:进气歧管或各种阀泄漏、节气门和进气道积垢过多、怠速空气执行元件故障、怠速进气量失准。

2. 燃油供给系统故障分析

燃油供给系统故障原因有:喷油器故障、燃油压力故障、喷油量失准。

3. 点火系统故障分析

点火系统故障原因有:点火模块与点火线圈故障、火花塞与高压线故障、点火提前角失准,以及三元催化转化器(TWC)堵塞等其他原因。

任务实施

1. 第1步检查进气系统

1) 进气歧管或各种阀泄漏

不该进入的空气、汽油蒸气、燃烧废气进入进气歧管,导致混合气过浓或过稀,使发动机燃烧不正常。漏气位置只影响个别气缸时,发动机会出现较剧烈的抖动,对冷车怠速影响更大。常见原因有:进气总管卡子松动或胶管破裂;进气歧管衬垫漏气;进气歧管破损或其他机件将进气歧管磨出孔洞;喷油器O形密封圈漏气;真空管插头脱落、破裂;曲轴箱强制通风(PCV)阀开度大;活性炭罐阀常开;废气再循环(EGR)阀关闭不严等。

2) 节气门和进气道积垢过多

节气门和周围进气道的积炭、污垢过多,空气通道截面积发生变化,使得控制单元无法精确控制怠速进气量,导致混合气过浓或过稀,使发动机燃烧不正常。常见原因有:节气门有油污或积炭;节气门周围的进气道有油污、积炭;怠速步进电机、占空比电磁阀、旋转电磁阀有油污、积炭。

3) 怠速空气执行元件故障

怠速空气执行元件故障导致怠速空气控制不准确。常见原因有:节气门电机损坏或发卡;怠速步进电机、占空比电磁阀、旋转电磁阀损坏或发卡。

4) 怠速进气量失准

控制单元因接收错误信号而发出错误指令,导致发动机怠速进气量失准,使发动机燃烧不正常,属于怠速不稳的间接原因。常见原因有:空气质量流量计或其线路故障;进气压力传感器或其线路故障;发动机控制单元插头因进水接触不良或电脑内部故障。

2. 第2步检查燃油供给系统

1) 喷油器故障

喷油器的喷油量不均匀,燃油雾化状态不良,导致各气缸发出的功率不平衡。常见原因有:喷油器堵塞、密封不良、喷出的燃油成线状等。

2) 燃油压力故障

油压过低,从喷油器喷出的燃油雾化状态不良或者喷出的燃油成线状,严重时只喷出油滴,喷油量减小使混合气过稀;油压过高,实际喷油量增大使混合气过浓。常见原因有:燃油滤清器堵塞;燃油泵滤网堵塞;燃油泵的泵油能力不足;燃油泵安全阀弹簧弹力过小;进油管变形;燃油压力调节器有故障;回油管压瘪堵塞。

3)喷油量失准

传感器及线路故障使控制单元发出错误指令,导致喷油量失准,以及混合气过浓或过稀,属于怠速不稳的间接原因。常见原因有:空气质量流量计(或进气歧管压力传感器)故障;节气门位置传感器故障;节气门怠速开关故障;冷却液温度传感器故障;进气温度传感器故障;氧传感器失效;以上传感器的线路有断路、短路、接地故障;发动机控制单元插头因进水接触不良或电脑内部故障。

3. 第3步检查点火系统

1)点火模块与点火线圈故障

近年来,很多车型将点火模块与点火线圈制成一体,点火模块或点火线圈有故障主要表现为高压火花弱或火花塞不点火。常见原因有:点火触发信号缺失;点火模块有故障;点火模块供电或接地线的连接松动、接触不良;初级线圈或次级线圈有故障等。

2)火花塞与高压线故障

火花塞与高压线故障导致火花能量下降或失火。常见原因有:火花塞间隙不正确;火花塞电极烧蚀或损坏;火花塞电极有积炭;火花塞磁绝缘体有裂纹;高压线电阻过大;高压线绝缘外皮或插头漏电;分火头电极烧蚀或绝缘不良。

3)点火提前角失准

由于传感器及线路故障属于引起怠速不稳的间接原因,控制单元发出错误指令,使点火提前角失准,或大范围波动。常见原因有:空气质量流量计或进气压力故障;霍尔位置传感器故障;冷却液温度传感器故障;进气温度传感器故障;爆震传感器故障;以上传感器的线路有断路、短路、接地故障;发动机控制单元插头因进水接触不良或电脑内部故障。

4)其他原因

三元催化转化器(TWC)堵塞导致怠速不稳,这种故障在高速行驶时最易发现。自动变速器、空调、转向助力器有故障会增大怠速负荷,导致怠速不稳。发动机控制单元与空调、自动变速器控制单元之间的怠速提升信号中断,在安装CAN-BUS的车辆中存在总线系统故障。随着新技术、新结构的增加,导致怠速不稳的因素会更多,诊断者必须全面考虑问题。

4. 第4步检查机械系统

1)配气机构故障

配气机构故障导致个别气缸的功率下降过多,从而使各气缸功率不平衡。常见原因有:正时皮带安装位置错误,使各缸气门的开闭时间发生变化,导致配气相位失准,各气缸燃烧不正常。气门工作面与气门座圈积炭过多,气门密封不严,使各气缸压缩压力不一致。凸轮轴的凸轮磨损,各缸凸轮的磨损不一致导致各气缸进入空气量不一致。对于装有液压挺柱的配气机构,液压挺柱安装在气缸盖内,其通过气缸盖与主油道相通并装有泄压阀。当该油道压力高于300 kPa时,开启泄压阀。如果该阀堵塞,则压力过高会使液压挺柱伸长过多,导致气门关闭不严。进气道或节气门严重积炭,进入气缸燃料减少,使混合气过稀,导致怠速不稳。

2)发动机机体、活塞连杆机构故障

发动机机体、活塞连杆机构故障导致个别气缸功率下降过多,从而使各气缸功率不平衡。常见原因有:气缸衬垫烧蚀或损坏,导致单缸漏气或两缸之间漏气;活塞环端隙过大、对口或断裂,活塞环失去弹性;活塞环槽内积炭过多;活塞与气缸磨损,气缸圆度、圆柱度超差;因气缸进水连杆变得弯曲,压缩比发生变化;燃烧室积炭会改变压缩比,积炭严重导致怠速不稳。

3)其他原因

曲轴、飞轮、曲轴皮带轮等转动部件动平衡不合格,发动机支脚垫因断裂而损坏,发动机底护板因变形与油底壳相互撞击等,这些原因只会导致发动机振动但不会影响转速。

习题及思考题

(1)简述汽油发动机怠速不稳的诊断流程。
(2)简述汽油发动机的进气系统的检测方法。

任务 2.3　发动机油耗过高

油耗过高是电控燃油喷射发动机常见的故障之一,油耗过高,发动机的经济性就差。影响发动机油耗的因素很多,有发动机技术状况方面的因素,也有底盘技术状况方面的因素。本节着重讨论发动机技术状况对燃油消耗的影响。

学习目标

◎ 掌握汽油发动机的电控系统、点火系统、燃油供给系统、机械系统的构造、工作原理。

能力要求

◎ 能够对电控系统进行正确的拆装及检查。
◎ 能够对点火系统进行正确的拆装及检查。
◎ 能够对燃油供给系统进行正确的拆装及检查。
◎ 能够对机械系统进行正确的拆装及检查。

任务导入

一辆日产轩逸轿车,行驶 8 万千米左右后,就会出现加速发窜、有时熄火、排气管冒黑烟、怠速过高、油耗升高的现象。经维修人员分析判断,造成发动机油耗过高的原因有多种,就电控发动机而言,造成油耗过高的主要原因有传感器故障、油路故障、点火系统故障、机械部件故障等。

学习指引

为了能够对发动机的各类传感器、油路、点火系统、机械部件进行拆装、检修、故障排除,我们需要掌握发动机的电控系统、点火系统、燃油供给系统、机械系统的具体组成、构造和工作原理。

相关知识

电控燃油喷射发动机的油耗过高是常见故障之一。在汽车使用过程中,当发动机油耗明显高于正常值时,说明汽车处于非正常工作状态,应及时检测,排除故障,消除隐患,使汽车能够保持一个良好的工作状态。一般造成油耗过高的主要原因有传感器故障、油路故障、点火系统故障、机械部件故障等。

1. 油路、点火系统、机械部件故障原因分析

(1) 空气滤清器受堵,使进气不畅,导致混合气过浓或排气管受堵。

(2) 怠速调整不正确,如 CO 调整错误。

(3) 发动机冷却液温度过高或过低。冷却液温度过高,容易沸腾,导致动力降低,油耗升高;冷却液温度过低,混合气雾化不良,导致发动机功率减小,油耗升高。

(4) 点火正时不准确,如点火过迟。

(5) 气缸压力过低。实践证明,气缸压力低于规定值,油耗升高 20%～25%。

(6) 配气相位不正确。

(7) 废气再循环阀因卡滞而常开。

(8) 在冬季使用夏季润滑油或者机油加注过多。

(9) 喷油器内部损坏或磨损严重。

(10) 发动机磨损严重,如拉缸、漏气等。

2. 电控方面的原因分析

(1) 冷却液温度传感器有故障,如传感器工作特性发生变化,就会导致喷油修正信号不准。

(2) 进气压力传感器有故障,如传感器输出压力过高,必然导致混合气过浓。

(3) 进气温度传感器有故障。

(4) 氧传感器有故障,如传感器内部短路、传感器电压为零、电脑接收稀混合气信号指令增加喷油量。

(5) 节气门位置传感器有故障,如节气门位置信号错误。

(6) 空气质量流量计有故障。

(7) 油压调节器有故障。

(8) ECU 及连接器有故障。

(9) 爆燃传感器有故障。

(10) 活性炭罐有故障。

任务实施

1. 任务实施准备

(1) 汽车发动机实训室。

(2) 整车、举升机、汽车维修工具套装、万用表、汽车故障诊断仪、尾气分析仪、维修手册。

2. 任务实施步骤

造成发动机油耗过高的原因很多。一般来说,当发动机动力不足或冒黑烟时,大多数发动

机在这种情况下油耗都过高,排除故障时不应忽视这方面的问题。

1) 第 1 步外部检查

仔细询问驾驶员故障现象、发生时间,大体判断产生故障的部位。也可用故障诊断仪调取故障码。若有故障码,按故障码所指示的内容先进行故障排除;若无故障码,可先进行基本检查。在进行基本检查之前,先进行外部检查。外部检查包括两个方面的内容:

(1) 检查各传感器接头是否脱落。打开机罩,逐个检查各传感器的接头是否松落、断裂,用手轻轻扳动,并插好传感器,对于灰尘较多的传感器应清理干净,以免影响信号的传送效果。

(2) 检查管接头是否破损脱落。检查进气系统管道是否破裂漏气,接头是否松落,进油管道、接头是否漏油,发现漏油、漏气的地方应进行处理,及时清洁和更换空气滤清器滤芯。

2) 第 2 步基本检查

(1) 检查燃油供给系统压力。若压力过高,应检查燃油压力调节器是否正常,滤网是否堵塞,燃油滤清器是否堵塞。

(2) 检查火花塞、高压线。查看火花塞电极烧蚀是否严重,若严重应及时更换;同时,检查高压线是否漏电,如有漏电应及时更换。火花塞电极烧蚀和高压线漏电使点火能量不足,导致混合气燃烧质量下降、发动机功率不足、发动机油耗过高等。

(3) 检查喷油器。喷油器损坏或堵塞会导致怠速缺缸、加速无力、排气管放炮、油耗过高,加速时有耸车的现象或供油不足的感觉。对喷油器进行检查,可拔下喷油器连接电脑的插头,用万用表测量各插脚的电压值,该电压值应为蓄电池的电压值,否则视为电磁线圈断路;测量各个喷油器两插脚之间的电阻值,若为 0 则表示短路。电阻的标准值应为 13~18 Ω(捷达发动机)。

3) 第 3 步电控系统检查

(1) 检查氧传感器。

氧传感器故障主要有两种表现形式:线路故障和氧传感器工作不良。线路故障分为外部线路故障和内部线路故障。对于此类故障,电脑检测时有故障码,可查看外部线路有无搭铁和断路,对于内外部线路故障,可直接更换氧传感器。对于氧传感器工作不良,电脑检测时没有故障码。用数据流诊断时,测量值不稳定,若超过标准值±25%或变化缓慢,一般视为氧传感器有故障,需更换。

(2) 检查空气质量流量计。

空气质量流量计故障主要有两种表现形式:线路故障和电脑检测时无故障码故障。

线路故障分为外部线路故障和内部线路故障,电脑检测时有故障码,检查外部线路在插头和电脑之间的连线是否断路和搭铁。如果正常,则说明空气质量流量计损坏,应进行更换。

电脑检测时无故障码故障比较常见,此时空气质量流量计由于脏污等反映的数值有一定的偏差,导致油耗过高。用数据流检查时,重点检查喷油时间与正常时的有无偏差(例如捷达车正常喷油时间为 1.6~1.8 ms),是否喷油时间偏长,再检查进气量数值是否偏大(正常进气量为 3.0~4.0 g/s),怠速时发动机运转是否稳定。出现不正常现象时应及时更换空气质量流量计。

(3) 检查进气温度传感器和冷却液温度传感器。

用电脑检测有故障码时,可用万用表测量电阻的方法来检查这两种传感器是否损坏。

例如,捷达发动机的进气温度传感器在进气温度为 15 ℃时,电阻约为 2 500 Ω,在进气温度为30 ℃时,电阻约为1 600 Ω;冷却液温度传感器在冷却液温度为80 ℃时,电阻约为300 Ω,在冷却液温度为30 ℃时,电阻约为1 600 Ω,在冷却液温度为20 ℃时,电阻约为2 500 Ω。不符合上述标准时应进行更换。

用电脑检测无故障码时,可采用对比检查的方法来判断其好坏。即让发动机处于怠速状态,查看诊断仪上指示的冷却液温度是否与仪表盘上温度表指示的温度一致。如果不一致,可让发动机继续运行至冷却风扇打开,再一次查看诊断仪上的冷却液温度与仪表盘上温度表指示的温度是否一致,如果仍不一致,说明冷却液温度传感器损坏。冷却液传感器损坏后,显示的温度会比实际的温度低,因此导致电脑按低温状态喷油,混合气过浓,发动机油耗过高。更换后,故障即可排除。

(4)检查节流阀体。

检查节气门是否清洁,灰尘较多会使节气门的自由开度增大,传给电脑的信号有误,导致喷油时间过长、喷油增多、油耗升高、阀体脏污、发动机启动后怠速不稳甚至熄火、尾气有臭味、发动机抖动、行车时脱挡、发动机熄火。

检查怠速开关、节气门电动机等元件的电阻,当测得的电阻为0时,表示短路;电阻变大甚至为∞时,表示断路;电阻值在节气门变动过程中变化不均或跳动,则为接触不良,可进行修复或更换。

4)第4步机械系统检查

按上述步骤检查完毕后,仍然无法确定油耗过高原因,应对机械系统进行检查。对发动机,主要检查两项:一是气缸压力检查,二是气缸磨损的检查。

习题及思考题

(1)简述在油路、点火系统、机械系统方面造成汽油发动机油耗过高的原因。
(2)简述在电控系统方面造成汽油发动机油耗过高的原因。

模块 3　柴油发动机检测与故障诊断

任务 3.1　燃油供给系统

学习目标

◎ 掌握燃油供给系统的构造、工作原理。

能力要求

◎ 能够对燃油供给系统进行保养和检修。

任务导入

一辆中兴皮卡手动挡车,行驶里程为 10 万千米,近期出现车辆停放时间长导致发动机无法启动的现象。经维修人员分析判断,造成这种现象的原因是低压油路有空气进入,然后进行检查,最终确认故障原因是低压油路管道连接处橡胶垫片老化,有空气进入。

学习指引

为了能够对燃油供给系统进行拆装、检修、故障排除,我们需要掌握燃油供给系统的组成、构造和工作原理。

相关知识

汽车柴油机燃油供给系统要完成柴油供给任务。燃油供给系统主要由低压油路与高压油路组成,如图 3-1-1 所示。

1. 低压油路

低压油路主要由油箱、低压油管、柴油滤清器(带有油水分离器)、输油泵等组成。

柴油滤清器结构如图 3-1-2 所示。滤清器的作用是通过除去柴油中的尘土、水分或其他机械杂质,以及因温度变化或与空气接触从柴油中析出的少量石蜡,从而降低对精密偶件的磨损程度,提高发动机功率,降低油耗。

输油泵结构如图 3-1-3 所示。输油泵的作用是保证低压油路中柴油的正常流动,克服柴油滤清器和管路中的阻力,并以一定的压力向喷油泵输送足量的柴油。

模块 3　柴油发动机检测与故障诊断

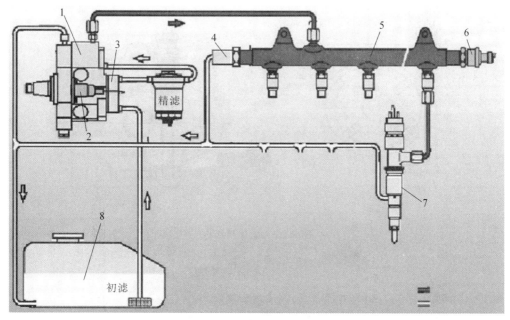

图 3-1-1　燃油供给系统
1—高压油泵；2—压力控制阀；3—输油泵；4—轨压限制阀；5—共轨；6—轨压传感器；7—喷油器；8—油箱

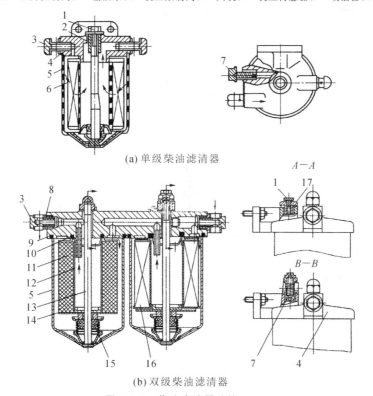

(a) 单级柴油滤清器

(b) 双级柴油滤清器

图 3-1-2　柴油滤清器结构
1—放气螺钉；2—中心螺栓螺母；3—油管接头；4—滤清器盖；5—壳体；6—滤芯；7—限压阀；8—油管接头垫；9—壳体密封圈；10—滤芯密封圈；11—毛毡；12—滤芯内筒；13—中心螺栓；14—一级滤芯滤布；15—滤芯衬垫；16—二级滤芯；17—螺塞

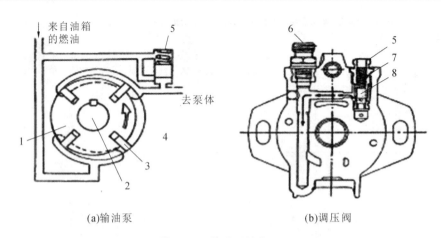

(a)输油泵　　　　　　　　(b)调压阀

图 3-1-3　输油泵结构

1—转子；2—传动轴；3—叶片；4—壳体；5—调压阀；6—燃油入口；7—弹簧；8—活塞

2.高压油路

高压油路主要由喷油泵、高压油管、共轨管道、喷油器等组成。

喷油泵结构如图 3-1-4 所示。喷油泵的作用是根据发动机的不同工况,定压、定时、定量地向柴油机燃烧室输送高压柴油。喷油泵一般固定在柴油机机体一侧的支架上,由柴油机曲轴通过齿轮驱动,齿轮轴和喷油泵的凸轮轴用连轴节连接。

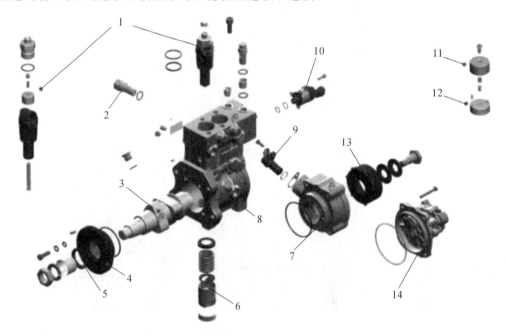

图 3-1-4　喷油泵结构

1—高压组件；2—溢流阀；3—凸轮轴；4—前端盖；5—径向密封圈；6—挺柱体组件；7—轴承侧盖；8—泵体；9—转速传感器；10—油量控制单元；11—出油阀；12—进油阀；13—内齿轮；14—内齿轮端盖

喷油器结构如图 3-1-5 所示。喷油压力要满足喷射压力和雾化质量的要求,供油量应符合柴油机工作所需的精确数量,按柴油机的工作顺序,在规定的时间内准确供油,并保证各缸供油量均匀,供油规律应保证柴油燃烧完全,在供油开始和结束时,动作敏捷,断油干脆,避免滴油。

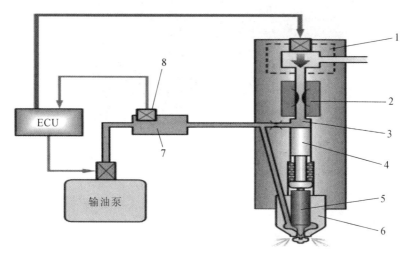

图 3-1-5　喷油器结构

1—TWV;2—量孔;3—控制室部分;4—控制活塞;5—喷嘴针;6—喷嘴;7—油轨;8—油轨压力传感器

任务实施

1. 任务实施准备

(1) 汽车发动机实训室。

(2) 柴油车辆、举升机、拆装专用工具、垫片、油盘、维修手册、工作台。

2. 任务实施步骤

1) 柴油滤清器的排水

检查油水分离器内是否有水,如有水应及时打开排水阀排水,如图 3-1-6 所示。

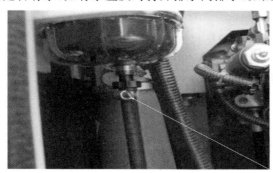

图 3-1-6　油水分离器的放水阀

2) 柴油滤清器的更换

车辆行驶 2 万千米后应更换柴油滤清器。柴油滤清器的更换步骤为:

(1) 用专用工具拆下柴油滤清器,如图 3-1-7 所示。

(2) 安装新的柴油滤清器。关闭进油口球阀,打开上端盖(铝合金型上端盖需使用平口螺丝刀从侧面缺口处轻轻撬开);打开排污口堵丝,排净污油;将滤芯上端的紧固螺母松开,操作者戴防油手套握紧滤芯,垂直向上取下旧滤芯;换上新滤芯,垫好上端密封圈(下端有自带密

图 3-1-7　用专用工具拆下柴油滤清器

封垫),上紧螺母;拧紧排污口堵丝,盖好上端盖(注意垫好密封圈),上好紧固螺栓。

习题及思考题

(1) 在柴油滤清器保养周期内应做什么?

(2) 简述安装柴油滤清器的注意事项。

任务 3.2　电控共轨燃油喷射系统

学习目标

◎ 掌握电控共轨燃油喷射系统的构造、工作原理。

能力要求

◎ 能够对燃油供给系统低压油路进行检查。

◎ 能够对燃油供给系统高压油路进行检查。

任务导入

一辆奥迪 A6 内燃机车,行驶里程为 5 万千米,出现启动时起动机正常工作而发动机没有"着火"的现象。经维修人员分析判断,出现这种现象的原因是有空气混入燃油供给系统,经检查,最终确认故障原因是燃油供给系统低压油路有空气混入。

学习指引

为了能够对电控共轨燃油喷射系统进行检修、故障排除,我们需要掌握电控共轨燃油喷射系统的具体组成、构造和工作原理。

相关知识

柴油机因燃油经济性而广泛应用于轿车和各类型客、货车。但是,随着国家排放法规要求的提高,非共轨式燃油喷射系统已无法满足严格的排放要求,因此,越来越多的柴油机装备电控共轨燃油喷射系统。

高压共轨电喷发动机是指使用了高压共轨电喷燃油系统的柴油机。这种类型的柴油机的其他 6 个系统仍与一般柴油机的相同。

普通柴油机的喷油器喷油开启压力为 200 kg/cm² 左右。高压共轨电喷柴油机的喷油器喷油开启压力为 1 200 kg/cm² 左右,是普通柴油机的 5~6 倍,故称为高压。高压的作用:使柴油被喷射成更小的粒子,雾化更好,便于与空气充分混合,充分燃烧,减少污染。

博世(BOSCH)电控共轨燃油喷射系统如图 3-2-1 所示。

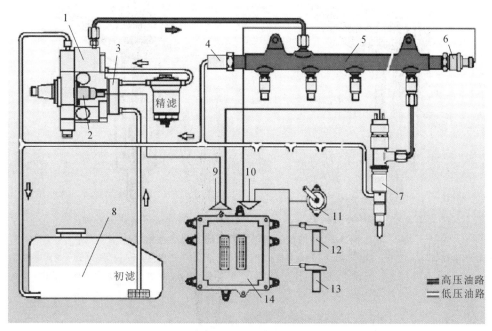

图 3-2-1 博世公司电控共轨燃油喷射系统

1—高压油泵;2—压力控制阀;3—输油泵;4—轨压限制阀;5—共轨;6—轨压传感器;7—喷油器;8—油箱;9—其他执行器;10—其他传感器;11—油门踏板;12—曲轴转速传感器;13—凸轮轴转速传感器;14—ECU

1. 电控喷油器

博世公司电控喷油器的代表性结构如图 3-2-2 所示。喷油器可被拆分为几个功能组件:孔式喷油嘴、液压伺服系统和电磁阀等。

1) 喷油器关闭(以存有的高压)

电磁阀在静止状态不受控制,因此是关闭的,如图 3-2-2(a)所示。回油节流孔关闭时,电枢的钢球通过阀弹簧压在回油节流孔的座面上。控制室内建立共轨的高压,同样的压力也存在于喷油嘴的内腔容积中。共轨压力在控制柱塞端面上施加的力及喷油器调压弹簧的力大于作用在针阀承压面上的液压力,针阀处于关闭状态。

2) 喷油器开启(喷油开始)

喷油器一般处于关闭状态,当电磁阀通电后,在吸动电流的作用下迅速开启,如图 3-2-2(b)所示。

3) 喷油器关闭(喷油结束)

如果不控制电磁阀,则电枢在弹簧力的作用下向下压,钢球关闭回油节流孔。电枢设计成两部分组合式,电枢板经一拨杆向下引动,但它可用复位弹簧向下回弹,从而没有向下的力作用在电枢和钢球上。回油节流孔关闭,进油节流孔的进油使控制室中建立起与共轨中相同的压力。这种升高了的压力使作用在控制柱塞上端的压力增大。来自控制室的作用力和弹簧力

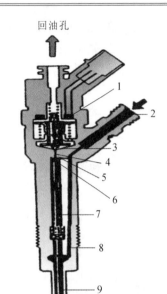 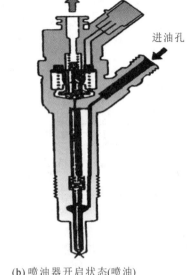

(a) 喷油器关闭状态(不喷油)　　　　　(b) 喷油器开启状态(喷油)

图 3-2-2　博世公司电控喷油器的代表性结构

1—控制单元(电磁阀)；2—进油孔；3—球阀；4—回油节流孔；5—进油节流孔；6—控制室；7—控制柱塞；8—通向喷油嘴；9—针阀

超过针阀下方的液压力,因此针阀关闭。针阀关闭速度取决于进油节流孔的流量。

2. 供油泵

供油泵的主要作用是将低压燃油加压成高压燃油,储存在共轨内,等待 ECU 的喷射指令。博世公司电控共轨燃油喷射系统的高压部分如图 3-2-3 所示。

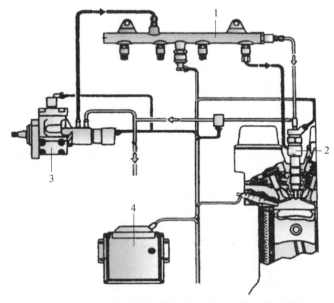

图 3-2-3　博世公司电控共轨燃油喷射系统的高压部分

1—共轨；2—喷油器；3—供油泵；4—ECU

供油压力可以通过压力限制器进行设定。所以,在共轨系统中可以自由地控制供油压力。博世公司电控共轨燃油喷射系统使用的供油泵结构如图 3-2-4 所示。

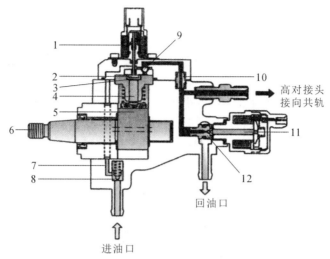

图 3-2-4 供油泵结构

1—柱塞止回阀；2—进油阀；3—柱塞腔；4—泵油元件；5—偏心凸轮；6—驱动轴；7—低压通道；8—安全阀；
9—排油阀；10—密封件；11—调压阀；12—球阀

3. 控制模块

ECU 的基本功能是结合实时工况和外界条件，始终使发动机保持最佳燃烧状态。

ECU 按照预先设计的程序计算各种传感器传来的信息，把各个参数限制在允许的电压电平之内，然后发给各相关执行机构，这些执行机构执行各种预定的控制功能。柴油机电控共轨燃油喷射系统的线路图如图 3-2-5 所示。

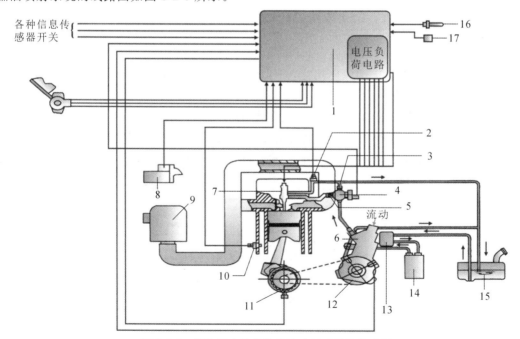

图 3-2-5 柴油机电控共轨燃油喷射系统的线路图

1—ECU；2—燃油温度传感器；3—压力限制器；4—共轨压力传感器；5—缓冲器；6—供油泵；7—喷油器；8—起动机；9—空气滤清器；
10—水温传感器；11—n_D 传感器；12—G 传感器；13—输油泵；14—燃油滤清器；15—油箱；16—大气温度传感器；17—大气压力传感器

4. 特种传感器

1) 共轨压力传感器

共轨压力传感器如图3-2-6所示。它的作用是以足够的精度,在相应较短的时间内,测定共轨中的实时压力,并向ECU提供电信号。燃油经一个小孔流向共轨压力传感器,该传感器的膜片将孔的末端封住。高压燃油经压力室的小孔流向膜片,该膜片装有半导体型敏感元件,可将压力转换为电信号。通过连接导线将产生的电信号传到向ECU提供测量信号的求值电路。

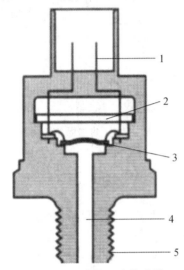

图 3-2-6 共轨压力传感器

1—电气接头;2—求值电路;3—带有敏感元件的膜片;4—高压接头;5—固定螺纹

2) 流量限制器

流量限制器的作用是避免喷油器出现持续喷油现象。因此,从共轨流出的油量超过最大流量时,流量限制器将自动关闭流向相应喷油器的进油口,停止继续喷油。

如图3-2-7所示,流量限制器有一个金属外壳,外壳有外螺纹,以便拧在共轨上,另一端的外螺纹用来拧入喷油器的进油管。外壳两端有孔,以便与共轨或喷油器进油管建立液压联系。流量限制器内部有一个活塞,一根弹簧将此活塞向共轨方向压紧。活塞对外壳壁部密封。活塞上的纵向孔连接进油孔和出油孔。纵向孔直径在末端是缩小的,这种缩小设计产生的效果与流量精确规定的节流孔效果一样。

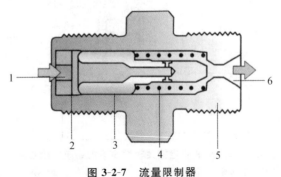

图 3-2-7 流量限制器

1—通往共轨的接头;2—堵头;3—活塞;4—弹簧;5—外壳;6—通往喷油嘴的接头

3）调压阀

调压阀的作用是根据发动机的负荷状况调整和保持共轨中的压力。当共轨压力过高时,调压阀打开,一部分燃油经集油管流回油箱;当共轨压力过低时,调压阀关闭,高压端对低压端密封。

如图3-2-8所示,博世公司电控共轨燃油喷射系统中的调压阀有一个固定凸缘,该凸缘可将其固定在供油泵或者共轨上。电枢将一钢球压入密封座,使高压端对低压端密封。一方面弹簧将电枢往下压,另一方面电磁铁对电枢作用一个力。为进行润滑和散热,整个电枢周围有燃油流过。

调压阀有两个调节回路:一个是低速电子调节回路,用于调整共轨中可变化的平均压力;另一个是高速机械液压式调节回路,用于补偿高频压力波动。

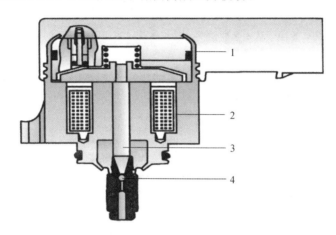

图 3-2-8 调压阀
1—弹簧;2—电磁铁;3—电枢;4—球阀

4）限压阀

限压阀相当于安全阀,它的基本作用是限制共轨中的压力。当共轨中燃油压力过高时,打开放油孔卸压。共轨内允许的短时间最高压力为 150 MPa。

博世公司电控共轨燃油喷射系统中的限压阀,如图3-2-9所示,主要由以下几个构件组成:外壳(有外螺纹,以便拧装在共轨上)、通往油箱的回油管接头、活塞和弹簧。

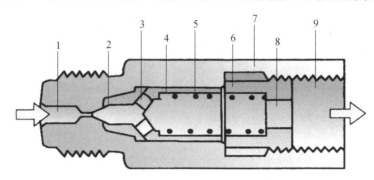

图 3-2-9 限压阀
1—高压接头;2—阀;3—通孔;4—活塞;5—压力弹簧;6—限位套;7—阀座;8—通孔;9—回油孔

5. 喷油量控制

1）基本喷油量

基本喷油量是由发动机转速和油门踏板开度决定的。如果发动机转速保持不变,油门踏板开度增大,则基本喷油量增大,如图 3-2-10 所示。

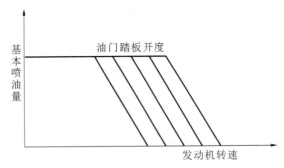

图 3-2-10　基本喷油量同发动机转速和油门踏板开度的关系

2）启动喷油量

启动时先将加速踏板踩到 50°左右,再由发动机转速和水温决定喷油量。启动喷油量同发动机转速和水温的关系如图 3-2-11 所示。

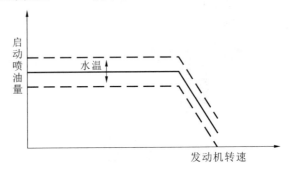

图 3-2-11　启动喷油量同发动机转速和水温的关系

3）过渡状态的喷油量

加速时油门踏板开度变化大,为了使喷油量增大得慢一点,控制排出黑烟。过渡状态的喷油量的变化如图 3-2-12 所示。

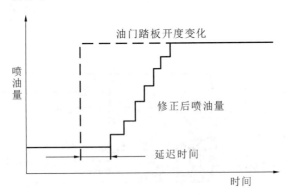

图 3-2-12　过渡状态的喷油量的变化

4）最高转速时的喷油量

最高转速时的喷油量与发动机转速的关系如图 3-2-13 所示。

5）全负荷喷油量补偿电阻

由计算机计算出全负荷喷油量补偿电阻所决定的修正喷油量,如图 3-2-14 所示。

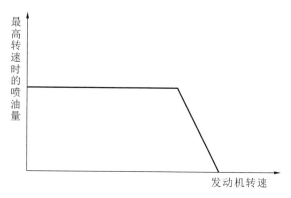

图 3-2-13　最高转速时的喷油量

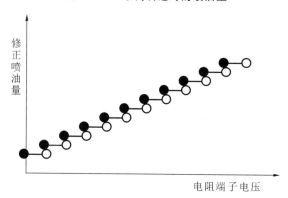

图 3-2-14　全负荷喷油量补偿电阻

6) 进气压力修正喷油量

当进气压力较低时,为减小排烟量,应减小低压状态时的最大喷油量。

6. 喷油时间控制

1) 主喷油时间

基本喷油时间是按最终喷油量、发动机转速和水温计算出来的。但是发动机启动时主喷油时间只是按水温和发动机转速计算出来的,如图 3-2-15 所示。

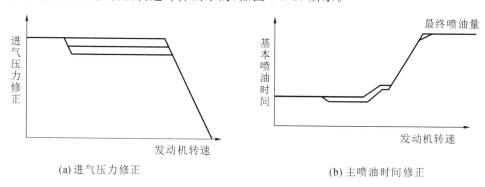

(a) 进气压力修正　　　　　　　(b) 主喷油时间修正

图 3-2-15　主喷油时间

2) 预喷油时间

预喷油时间是由主喷油时间和预喷油时间间隔进行控制的。预喷油时间间隔是按最终喷油量、发动机转速和水温计算出来的。但是,发动机启动时预喷油时间只是按水温和发动机转速计算出来的,如图 3-2-16 所示。

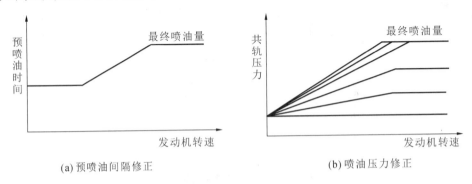

图 3-2-16 预喷油时间

任务实施

1. 任务实施准备

(1) 柴油机电控共轨燃油喷射系统实训室。

(2) A6 轿车柴油机电控共轨燃油喷射系统、拆装专用工具、维修手册、工作台、诊断仪。

2. 任务实施步骤

1) 燃油系统加油和排气

(1) 加油。

要保证燃油系统的排气效果,背压腔(约 0.5 L)应充满燃油。燃油泵不工作时,油箱内燃油只有近似满,背压腔才会充满燃油。若油箱内燃油不满,应按以下步骤来操作:当油箱内燃油不足 1/3 时,在检查工作完成后,若没有给油箱加油,则应在排气前给背压腔加油。

打开仪表板左侧的熔丝盒盖,从盒中拔下 28 号熔丝,用 V.A.G1348/3-2 将 V.A.G1348/3A 接到 28 号熔丝座的右侧接线柱上,按图 3-2-17 所示的箭头,将线夹接到蓄电池正极上,按下遥控器的开关进行排气,燃油泵应运转。

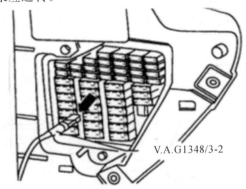

图 3-2-17 将 V.A.G1348/3A 接到 28 号熔丝座的右侧接线柱上

(2) 排气。

①用专用工具 3094 夹住燃油回油管,如图 3-2-18 所示,若不行,则取下发动机盖罩上的堵塞并拧下螺栓。

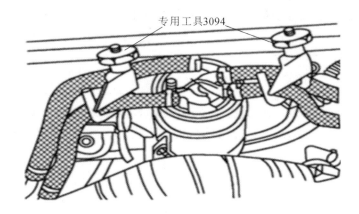

图 3-2-18　用专用工具 3094 夹住燃油回油管

②拔下右侧缸体上的喷油嘴回油管,将其插到喷油泵软管接头上,如图 3-2-19 所示。

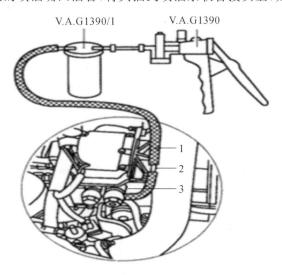

图 3-2-19　将喷油嘴回油管插到喷油泵软管接头上

1—检测设备接头；2—渐缩管；3—喷油嘴回油管

③将渐缩管插到喷油嘴回油管上,再将渐缩管与检测设备接头相连。操纵手动真空泵 3 次,给 V.A.G1390/1 加油。

④再次将喷油嘴回油管接到喷油泵上。取下燃油回油管上的夹子(专用工具 3094),重新装上 28 号熔丝。启动发动机,检查燃油供给系统是否泄漏。

2) 检查燃油供给系统的密封性

(1) 燃油供给系统泄漏会使喷油管内产生泡沫或气泡,导致发动机功率不足、熄火、启动困难。

(2) 拆下喷油泵回油管后将真空检修设备软管接到回油管。

(3) 将专用工具 3094 夹到燃油滤清器后的喷油管和喷油泵回油管上。

(4) 用真空检修设备产生 100~150 kPa 的真空压力,若该压力不断下降,则应查找泄漏点并排除故障。

3) 对喷油始点进行动态检查和调整

(1) 通过功能 08 读出显示组 07 中的发动机怠速情况,如图 3-2-20 所示。

Messwerteblock lesen 7			
45.4 ℃	76.3 ℃	25.9 ℃	86.7 ℃

图 3-2-20 通过功能 08 读出显示组 07 中的发动机怠速情况

(2) 检查显示区 4 的显示内容(冷却液温度),标准值为大于 85 ℃。只有达到此冷却液温度,才可进行检查。

(3) 通过功能 04 读出显示组 04 中的发动机怠速情况,如图 3-2-21 所示。

System in Grundeinstellung 4			
850/min	spat	1.5°V.OT	100%

图 3-2-21 通过功能 04 读出显示组 04 中的发动机怠速情况

(4) 检查显示区 4 中的显示内容,标准值为 100%。

(5) 检查显示区 2 中的显示内容,标准值为 spat(滞后)。

(6) 检查显示区 3 中的显示内容,显示"Sollwert:2°V.OT"。若不符合要求,则进行下一步检查。

(7) 关闭点火开关,拆下左、右齿形传动带护罩,检查齿形传动带的张紧情况。标记是否对齐,若标记未对齐,则进行下一步检查。

(8) 张紧齿形传动带,用专用工具松开传动带张紧器上的紧固螺母,逆时针转动内六角扳手,直至与标记 1 重合,然后用 36 N·m 的力矩拧紧紧固螺母。

(9) 如图 3-2-22 所示,松开凸轮轴正时齿轮上的紧固螺栓,将环形扳手(SW22)装到泵轴上,适当拧入一点。图中箭头 A 表示喷油始点滞后,箭头 B 表示喷油始点提前。注意:不要松开喷油泵齿轮螺母,否则会改变喷油泵的基本设定。

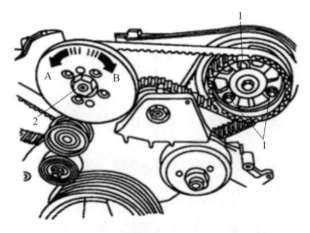

图 3-2-22 松开凸轮轴正时齿轮上的紧固螺栓
1—凸轮轴正时齿轮紧固螺栓;2—喷油泵齿轮螺母

(10) 拧紧凸轮轴正时齿轮上的紧固螺栓,拧紧力矩为 20 N·m。再次检查喷油始点是否达到标准值,若喷油始点仍不符合要求,则应调整喷油泵齿轮。

4) 检查喷油嘴

(1) 动态检查。

①发动机怠速运转,读取显示组 13(3 缸和 1 缸)信息,如图 3-2-23 所示,标准值为 $-1.50\sim+1.50$ mg/h。

图 3-2-23　读取显示组 13(3 缸和 1 缸)信息

②发动机怠速运转,读取显示组 13(6、4、5 缸)信息,如图 3-2-24 所示,标准值为 $-1.50\sim+1.50$ mg/h。若某一侧所有气缸实际值都与标准值相差较大,则应检查传动带张紧度和张紧轮;若一缸或多缸实际值与标准值相差较大,则应相互交换喷油嘴(不包括 2 缸和 3 缸喷油嘴)。若故障消失,则应更换喷油嘴;若故障仍在某一缸,则应检查气缸压力。

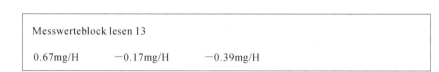

图 3-2-24　读取显示组 13(6、4、5 缸)信息

(2) 检查喷油压力和喷油嘴密封性。

①接通压力表,慢慢向下压泵杆,读出开始喷油时的压力,标准压力为 $18\sim19$ kPa,极限值为 16 kPa。若压力不符合要求,则应更换喷油嘴。

②接通压力表,慢慢向下压泵杆,将压力保持为约 15 kPa,持续 10 s,喷油嘴开口处不应有燃油渗出。若渗出,则应更换喷油嘴。

(3) 喷油嘴拆装。

①拆卸喷油嘴。拆下气缸盖罩,拆下相应喷油嘴的张紧夹,向上拔出喷油嘴。对于手动变速箱车型,若不方便拔下喷油嘴,则可挂 4 挡,将车向前推几米。对于自动变速箱车型,若不方便拔下喷油嘴,则将所有张紧夹再装到喷油嘴上,用手拧紧,拔下喷油泵插头。

②安装喷油嘴。需要注意的是,应更换气缸盖与喷油嘴间的铜密封垫。装上喷油嘴及张紧夹,用 10 N·m 的力矩拧紧张紧夹,再装上气缸盖罩。

5) 检查喷油泵

(1) 检查喷油泵识别码。

①打开点火开关,不要启动发动机,读取显示组 25 信息,如图 3-2-25 所示。

```
Messwerteblock lesen 25
00003　059130105A　C062　1.V41　123456 769
```

图 3-2-25　读取显示组 25 信息

②显示屏显示的 00003 表示数据状态,059130105A 表示喷油泵零件号,C062　1.V41 表示软件版本号,123456 表示序列号,769 表示生产日期。

（2）检查喷油提前调节器的调节范围。

①发动机怠速运转，在显示组 04 中进行基本设置，如图 3-2-26 所示。

System in Grundeinstellung 4			
850 r/min	fruh	15.45°V.OT	28%

图 3-2-26　在显示组 04 中进行基本设置

②喷油始点阀以 10 s 为间隔反复打开和关闭，如图 3-2-27 所示。

System in Grundeinstellung 4			
850 r/min	spat	1.55°V.OT	100%

图 3-2-27　喷油始点阀以 10 s 为间隔反复打开和关闭

习题及思考题

（1）对照图或实物说明电控共轨燃油喷射系统的工作原理。

（2）如何将燃油供给系统低压油路中的空气排出？

模块 4　底盘检测与故障诊断

任务 4.1　传动系检测与故障诊断

学习目标

◎ 掌握离合器检测和故障诊断及维修方法。
◎ 掌握手动变速器检测和故障诊断及维修方法。
◎ 掌握万向传动装置检测和故障诊断及维修方法。

能力要求

◎ 能够对传动系进行工作原理分析。
◎ 能够对传动系进行故障诊断及检测维修。

任务导入

一辆卡罗拉手动挡车,行驶里程为 8 万千米,近期出现急加速和上陡坡时明显感觉动力不足,而且逐渐严重的现象。经维修人员分析判断,造成这种现象的原因是离合器打滑。对离合器进行拆装、检查,最终确认故障原因是离合器摩擦片因过度磨损变薄,导致急加速和上陡坡时明显感觉动力不足。

学习指引

为了能够对传动系进行故障诊断及检测维修,我们需要掌握传动系的具体组成、构造和工作原理。

相关知识

1. 传动系功用与组成

传动系的布置形式主要与发动机的位置和驱动形式有关。除发动机前置、后轮驱动和发动机后置、后轮驱动形式外,目前采用最多的是发动机前置、前轮驱动形式。图 4-1-1 所示为发动机前置、前轮驱动的传动系示意图,图 4-1-2 所示为发动机前置、后轮驱动的传动系示意图。

汽车传动系的基本功用是将发动机发出的动力传递给驱动轮。

传动系的主要任务是与发动机协同工作,以保证汽车能在不同使用条件下正常行驶,并具有良好的动力性与经济性。因此,传动系必须具备如下功能:起步、减速、变速、汽车倒驶、中断

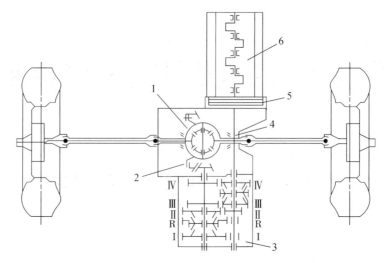

图 4-1-1 发动机前置、前轮驱动的传动系示意图

1—差速器;2—主减速器;3—四挡变速器(1、2、3、4 挡有同步器);4—连通;5—离合器;6—发动机

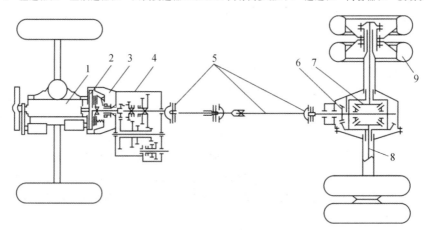

图 4-1-2 发动机前置、后轮驱动的传动系示意图

1—发动机;2—离合器;3—离合器外壳;4—变速器;5—万向传动装置及转动轴;6—主减速器;7—差速器;8—传动轴;9—驱动轮

传动、差速、驱动力方向转换。

传动系包括离合器、变速器、万向传动装置、主减速器及差速器等。在汽车运行过程中,传动系性能会逐渐下降,产生异响、过热、漏油及乱挡等故障。为确保汽车能正常运行和安全行驶,应及时对传动系进行检测、诊断和维修。

2. 常见故障现象与排除方法

1) 离合器故障

离合器位于发动机与变速器之间,在汽车起步和变速器换挡时,切断发动机与变速器的连接,以中断动力传递,而在变挡后逐渐使二者接合,传递发动机动力,使汽车平稳起步以及换挡平顺,并能防止传动系过载。目前膜片弹簧离合器的应用最为广泛。

膜片弹簧离合器的组成如图 4-1-3 所示,它主要由主动部分(飞轮、离合器盖等)、从动部分(从动盘等)、分离机构(分离轴承、分离轴承套筒、分离轴承套头、分离叉等)等组成。

常见的离合器故障有离合器打滑、离合器分离不彻底、离合器发抖和离合器异响等。

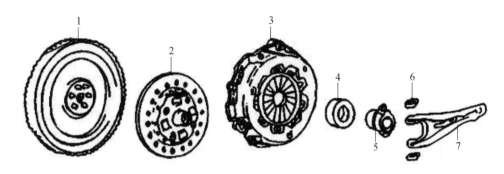

图 4-1-3 膜片弹簧离合器的组成

1—飞轮；2—从动盘；3—离合器盖；4—分离轴承；5—分离轴承套筒；6—分离轴承套头；7—分离叉

2）变速器故障

变速器是汽车传动系中的主要变速机构，它的作用主要有：扩大发动机传至驱动轮的扭矩、转速的变化范围，以适应不同使用条件的要求；在发动机旋转方向不变的前提下，实现汽车倒向行驶；利用空挡，切断动力传递，以便发动机启动、急速或换挡。图 4-1-4 为典型汽车变速器及操纵机构组成的剖面图。

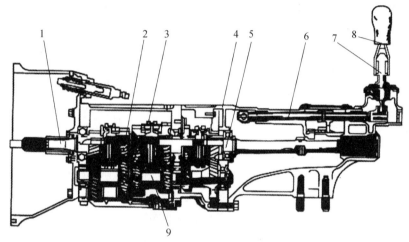

图 4-1-4 典型汽车变速器及操纵机构组成的剖面图

1—第一轴(输入轴)；2—变速齿轮；3—接合套；4—壳体；5—第二轴(输出轴)；6—变速拉杆；7—变速杆；8—变速杆操作手柄；9—中间轴

常见的变速器故障有跳挡、乱挡、异响、漏油等。

（1）变速器跳挡。

故障现象为：

汽车在某一挡位行驶时，变速杆自动跳回空挡，同时发动机转速增大但车速减小，动力不能按要求传递给驱动轮。一般在中、高速行驶时，如果负荷突然变化或车辆剧烈振动，则容易产生跳挡故障。

故障原因为：

①变速器与离合器壳的固定螺钉（或螺栓）松动。

②变速器拨叉轴自锁装置失效。

③变速杆下端变形或球头松动。

④变速器换挡拨叉弯曲变形、严重磨损或紧固螺钉松动，导致齿轮换挡不到位。

⑤锁销式惯性同步器的锁销松动、散架或定位弹簧弹力减小。锁环式同步器的锁环齿或锁环内锥面螺纹槽磨损过甚。

⑥变速器齿轮、齿套磨损过甚,沿齿长方向磨成锥形。

⑦变速器第二轴花键齿与滑动齿轮或接合套花键齿槽磨损松旷。

⑧轴承磨损过甚、松旷,齿轮因不能正确啮合而上下摆动。

⑨变速器中间轴轴向间隙过大。

⑩远距离操纵的变速操纵机构调整不当。

(2) 变速器乱挡。

故障现象为:

①离合器技术状况正常,汽车起步挂挡或行驶中换挡时,变速杆不能挂入所需挡位,或虽能挂入所需挡位,但不能退回空挡。

②挂入的挡位与应该挂入的挡位不相符,汽车不能正常行驶。

③一次同时挂入两个挡位,无法传递发动机的动力。

故障原因为:

①变速器操纵机构互锁装置损坏,失效。

②变速杆弯曲变形,变速杆球头磨损过度,限位销松旷或折断。

③变速叉与变速叉轴固定螺钉松动或松脱。

④拨叉导块凹槽和变速杆下端的工作面磨损严重,使变速杆从两个导块之间滑出。

⑤第二轴前端滚针轴承烧结,使第一轴和第二轴连成一体。

⑥同步器损坏,同步器锁环卡在锥面上。

(3) 变速器异响。

故障现象为:

变速器异响是指变速器内发出不正常的响声,主要是轴承磨损松旷和齿轮间不正常啮合引起的噪声。变速器异响,大致在空挡位置或挂上某一挡位行驶的两种情况下发生。在各挡都有连续响声,一般为轴承损坏;在某挡位有连续、较尖细的响声,为该挡齿轮响声;挂上某挡时有断续、沉闷的冲击声,为该挡个别齿轮折断;停车时踩下离合器踏板不响,松开离合器踏板发响,为常啮合齿轮响声。应根据响声特点,着重检修相应部位。

故障原因为:

①变速器缺油或油质变坏,齿轮油的规格不符合要求或油中有杂物。

②轴承磨损松旷或损坏。

③齿轮加工精度或热处理工艺不当等导致齿轮偏磨或齿形变化,齿轮啮合间隙过小或齿轮磨损过度,啮合间隙过大。

④齿轮齿面金属剥落、轮齿断裂或修理后装配错位。

⑤花键孔与花键槽磨损严重,配合松旷。

⑥输入轴、输出轴扭曲变形。

⑦同步器弹簧失效、锁块脱落,同步器毂磨损、失圆。

(4) 变速器漏油。

故障现象为:

变速器内的润滑油从变速器盖、前后轴承盖或其他部位渗漏出来。

故障原因为：
①润滑油加注过多。
②壳体破裂。
③密封衬垫变形或损坏。
④放油螺塞松动、滑扣。
⑤加油螺塞松动、滑扣。
⑥变速器的通气孔堵塞，使变速器内压力增大、温度升高，导致各密封部位渗漏。
⑦变速器盖、轴承盖固定螺钉松动。

3) 万向传动装置故障

万向传动装置的作用是在轴间夹角及相互位置经常变化的变速器与驱动桥之间传递动力。常见的万向传动装置故障有振动或噪声、启动时有撞击及滑行时有异响等。

任务实施

例1 桑塔纳2000起步困难。

(1) 故障现象。

一辆手动挡桑塔纳2000，行驶12万千米，出现起步困难、运行中油耗上升、加速不良现象。

(2) 故障诊断。

根据故障现象，可知故障产生在离合器，因此对离合器进行检修，发现摩擦片磨损严重，使离合器打滑，从而导致车辆起步困难、加速不良等。

(3) 故障排除。

更换新的摩擦片，试车，故障排除。

例2 一汽佳宝微型车挂4挡时离合器打滑。

(1) 故障现象。

一汽佳宝微型车，行驶6万千米，行驶中挂1、2、3挡及倒挡时均正常，而挂4挡或加速时出现离合器打滑现象。

(2) 故障诊断。

启动发动机加至中速，拉紧制动器后，逐次挂1、2、3挡及倒挡，进行离合器是否打滑试验，结果表明，挂1、2、3挡及倒挡时发动机熄火，只有挂4挡时发动机不熄火，由此说明离合器无故障，问题还是出在变速器内部。将变速器解体并清洗干净，对齿轮、轴承等进行仔细检查，外观上看不出毛病，于是对变速器一轴进行负荷转动试验，发现增大负荷时一轴和一轴上的4挡主动齿轮圈有打滑现象(加工不良所致)。

(3) 故障排除。

换用新轴，装复试车，故障排除。

例3 日产蓝鸟转向时有异响。

(1) 故障现象。

一辆日产蓝鸟，行驶14万千米，出现起步时有异响、中速转向时异响声变大现象。

(2) 故障诊断。

先检查车辆减振器，发现正常。用举升机举升车辆，检查车辆底盘，发现该车为发动机前置、前轮驱动。又检查了转向系，发现正常。于是怀疑为传动轴球笼式万向节故障，通过左右转动前轮,发现有异响,拆下球笼式万向节,发现球笼式万向节磨损严重,出现较大间隙,导致有异响发出,车辆转弯时,异响声会更大。

(3) 故障排除。

更换一对球笼式万向节,装复试车,故障排除。

习题及思考题

(1) 简述离合器的工作原理和常见离合器故障。

(2) 简述常见的手动变速器故障。

(3) 如何进行自动变速器故障诊断及检测维修?

(4) 如何检修变速器操纵机构?

任务 4.2　汽车制动系统

学习目标

◎ 了解现代汽车制动系统的特点及分类。
◎ 掌握制动系统的功用、基本组成。
◎ 掌握液压制动传动装置的类型、基本组成及工作原理。

能力要求

◎ 能够对汽车制动系统进行结构分析。
◎ 能够说明制动系统基本的工作原理。
◎ 能够对制动系统相关部件进行检查与测量,并根据测量结果进行分析。

任务导入

张先生想购买一辆汽车,他对丰田、大众、本田汽车底盘数据作了比较,但他对底盘参数并不了解,请你对以下参数表(见表 4-2-1)进行解释。

表 4-2-1　不同品牌汽车底盘参数表

厂家	丰田卡罗拉	大众朗逸	本田思域
车型	2018 款 1.2T CVT GL-i 智辉版	2018 款 280TSI 双离合 舒适版	2017 款 180TURO CVT 舒适版
前轮制动器类型	通风盘	通风盘	通风盘
后轮制动器类型	盘式	盘式	盘式
驻车制动类型	手拉式	电子驻车	电子驻车

学习指引

将能够产生和控制汽车制动力的一套装置,称为汽车制动系统。制动系统是汽车行驶时的主动安全装置,是确保汽车安全行驶极其重要的装置。制动系统只有非常耐用和可靠,才能在任何情况下保证车辆安全和及时减速或停车。

相关知识

1.汽车制动系统的功用

汽车制动系统的功用是根据需要保证汽车减速或在最短距离内停车,以确保行车安全,并在停车后保持良好的驻车性能,停车后不发生滑溜。

2.汽车制动系统的分类

按功能不同,汽车制动系统可以分为两套独立的制动装置。一套是行车制动装置,另一套是驻车制动装置。有的汽车还装有紧急制动、安全制动和辅助制动装置。

按制动能源不同,汽车制动系统又可以分为人力制动系统、动力制动系统和伺服制动系统。

3.汽车制动系统的组成

汽车制动系统主要由以下3部分组成:

(1)行车制动装置:行车制动装置使行驶中的汽车减速和停车。

(2)驻车制动装置:驻车制动装置使停车后的汽车保持不动,当行车制动装置产生故障时,驻车制动装置可以作为备用制动装置。

(3)辅助制动装置:辅助制动装置使下坡行驶的汽车速度保持稳定。常用辅助制动装置有排气制动装置、液力制动装置、电涡流制动装置。

要想给张先生解释清楚上述参数,就必须了解汽车制动系统的基本结构和工作原理。图 4-2-1 所示为汽车制动系统组成。

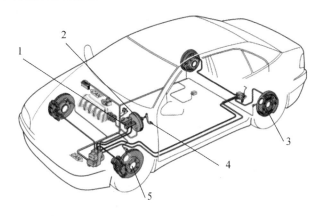

图 4-2-1 汽车制动系统组成

1—制动主缸;2—真空助力器;3—后轮鼓式制动器;4—制动踏板;5—前轮盘式制动器

4.汽车制动系统基本的工作原理

汽车通过摩擦将动能转换成热能。制动时,踩下制动踏板,制动主缸向各制动轮缸供油,活塞在油压的作用下把摩擦材料压向制动盘/鼓实现制动。

1)汽车液压制动传动装置

汽车液压制动传动装置如图 4-2-2 所示。制动时,驾驶员踩下制动踏板,在推杆的作用下,制动主缸将储油罐中的制动液通过前、后桥油管分别压入前、后制动轮缸,将制动蹄推向制动鼓,在制动器间隙消失并开始产生制动力矩时,液压与踏板力方能继续增大直到完全制动。放松制动踏板,制动蹄和轮缸活塞在回位弹簧作用下回位,制动液被压回制动主缸。

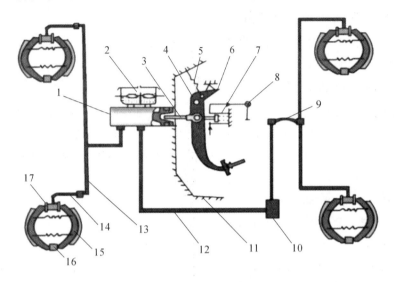

图 4-2-2　汽车液压制动传动装置

1—制动主缸;2—储油罐;3—推杆;4—支承销;5—回位弹簧;6—制动踏板;7—制动灯开关;8—指示灯;9—软管;10—比例阀;11—地板;12—前桥油罐;13—前桥油管;14—软管;15—制动蹄;16—支承座;17—制动轮缸

2) 汽车驻车制动装置

(1) 传统驻车制动装置。

传统驻车制动装置如图4-2-3所示。驻车制动时,拉起操纵杆,操纵杆力通过操纵机构使制动拉索收紧,制动拉索则拉动驻车制动杠杆的下端,使之绕上端支点顺时针转动,制动杠杆转动过程中,其中间支点推动驻车制动推杆左移,使前制动蹄压向制动鼓。前制动蹄压向制动鼓后,制动推杆停止运动,则驻车制动杠杆的中间支点变成其继续移动的新支点,因此驻车制动杠杆的上端右移,使后制动蹄压靠在制动鼓上,产生制动作用。

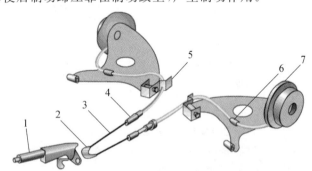

图 4-2-3　传统驻车制动装置

1—操纵杆;2—平衡杠杆;3—制动拉索;4—制动拉索调整接头;5—制动拉索支架;6—制动拉索固定夹;7—制动器

对于4个车轮采用盘式制动器的汽车来说,驻车制动器可采用盘鼓式驻车制动器,内置于后轮盘式制动器中,并通过制动拉索和连杆等机构固定在盘式制动器上,也可采用盘式集成制动器,有些高档跑车上也采用双制动卡钳,其中一个卡钳为驻车制动卡钳。图4-2-4所示为盘式集成制动器。

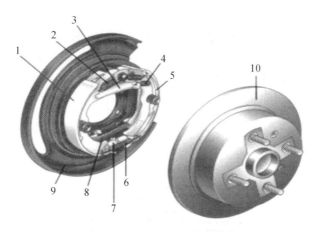

图 4-2-4 盘式集成制动器

1—前制动蹄;2—制动蹄复位弹簧;3—制动推杆;4—推动推杆弹簧;5—后制动蹄;6—可调顶杆弹簧;
7—可调顶杆;8—制动拉索;9—制动底板;10—制动鼓

(2) 电子驻车制动装置。

电子驻车制动装置(简称EPB)用电子按钮取代了传统的驻车制动手柄或驻车制动踏板,使用时只需轻轻按下,就能通过电动机的动力实施或解除驻车制动。采用这种驻车制动装置,缓解了驾驶员的疲劳,节省了驾驶室空间,提高了操纵方便性,且消除了因驾驶员力量的差别而引起的制动力的差别,能有效地确保驻车制动的安全性。此外,采用电子控制系统,有利于实现坡道起步、间隙自动调整、发动机熄火后自动施加驻车制动等功能。

① 电子驻车制动装置的组成。控制单元控制驻车制动左、右电机;驻车制动左、右电机制动摩擦衬块的收紧是通过一根螺杆的带动来实现的,这根螺杆上的螺纹可以自锁;这根螺杆由斜轴轮盘机构驱动;斜轴轮盘机构由一个直流电机驱动;斜轴轮盘机构和直流电机通过法兰固定在制动卡钳上。

② 驻车制动器。驻车制动器工作过程如图 4-2-5 所示。要想实现驻车制动功能,就必须将驱动电机的旋转运动转换成制动活塞的一个非常小的直线往复运动。只有将斜轴轮盘机构与螺杆驱动装置结合才能实现这个功能。驻车制动器拉紧与松开过程如图 4-2-6 所示。驻车制动器拉紧过程为:螺母在螺杆上向前运动,使气缸与活塞接触,气缸与活塞都被压靠在制动盘上。驻车制动器松开过程为:螺母在螺杆上向前运动、向回旋转,使气缸卸荷,密封圈在恢复原状时会将活塞向回推,使制动盘松开。

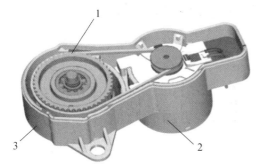

图 4-2-5 驻车制动器工作过程

1—齿形皮带;2—电动机;3—齿形机构

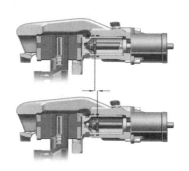

图 4-2-6 驻车制动器拉紧与松开过程

3)汽车真空液压制动装置

真空助力器固定在制动踏板前方。踏板推杆与制动踏板杠杆相连,后端以螺栓与制动主缸相连,真空助力器中心的推杆顶在制动主缸的第一活塞杆上。因此,真空助力器在制动踏板与制动主缸之间起助力作用。图4-2-7所示为汽车真空助力器。

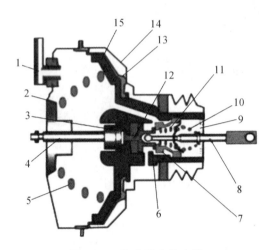

图4-2-7 汽车真空助力器

1—真空单向阀;2—左外壳;3—橡胶反作用盘;4—制动主缸推杆;5—膜片回位弹簧;6—真空阀座;7—真空阀;8—踏板推杆;9—空气滤清器;10—助力器推杆回位弹簧;11—阀门弹簧;12—空气阀;13—气室膜片;14—右外壳;15—膜片座

在未踩下制动踏板时,控制阀处于非工作状态,在发动机工作时,真空单向阀被吸开,两气室的真空度绝对值与发动机进气歧管的相同。

汽车真空助力器工作过程如图4-2-8所示,当踩下制动踏板时,踏板力使推杆克服弹簧的弹力左移,通过球头推动铰链杆左移。橡胶膜片与阀体接触,封闭左右气室通道。推杆继续左移,橡胶膜片脱离铰链杆的端面,打开通道,外界空气经空气滤清器进入右气室。于是在左右气室间产生一个压力差,使气室膜片带动真空控制阀总成以及推杆和后活塞一起向左移动。左移力等于踏板力和气体抽力之和。推力增大程度由真空度决定,最大可增大3倍。

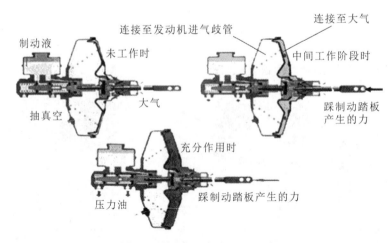

图4-2-8 汽车真空助力器工作过程

当踩下制动踏板时,真空阀关闭,空气阀打开。空气进入空气室,使得空气室压力大于负压室压力(负压室内的空气被吸进发动机进气管,产生负压),活塞向前运动。于是带动制动主缸内的活塞运动,产生制动油压。

松开制动踏板,真空助力器活塞在复位弹簧的作用下恢复到原来的位置,制动踏板推杆也往回运动,空气阀关闭,真空阀打开,使真空室和空气室相通。其他制动机构也恢复到原来的位置,制动油压下降,制动解除。

4) 防抱死制动系统

汽车防抱死制动系统(ABS)是一种安全控制制动系,目前已经成为汽车的标准配置。ABS 既有普通制动系统的制动功能,又有防止车轮制动抱死的功能。ABS 通常由轮速传感器、电子控制单元(ECU)、制动压力调节器、制动主缸、制动灯、电动机、真空助力器和 ABS 故障警告灯等组成,如图 4-2-9 所示。

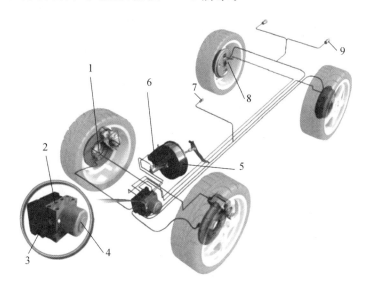

图 4-2-9 防抱死制动系统组成

1—前轮轮速传感器;2—制动压力调节器;3—ECU;4—电动机;5—真空助力器;6—制动主缸;
7—ABS 故障警告灯;8—后轮轮速传感器;9—制动灯

(1) 轮速传感器。

轮速传感器的功用是检测车轮的旋转速度,并将速度信号输入 ECU。目前,常用的轮速传感器主要有电磁式轮速传感器和霍尔式轮速传感器。

(2) 电子控制单元(ECU)。

ECU 是 ABS 的控制中枢,其功用是接收轮速传感器及其他传感器输入的信号,对这些输入的信号进行测量、比较、分析、放大和判别处理,通过精确计算,得出制动时车轮的滑移率、加速度和减速度,以判断车轮是否有抱死趋势。再由其输出级发出控制指令,控制制动压力调节器执行压力调节任务。电子控制单元还具有监控和保护功能,当防抱死制动系统出现故障时,能及时转换成常规制动,并以 ABS 故障警告灯点亮的形式警告驾驶员。

(3) 制动压力调节器。

根据调压方式的不同,制动压力调节器可分为循环式制动压力调节器和可变容积式制动压力调节器。循环式制动压力调节器通过电磁阀直接控制轮缸的制动压力;而可变容积式制动压力调节器通过电磁阀间接改变轮缸的制动压力。

任务实施

1. 任务实施准备

(1) 汽车底盘实训室。

(2) 车辆、举升机、制动系统拆装专用工具、游标卡尺、钢直尺、厚薄规、百分表、卡环钳、旋具、维修手册、工作台。

2. 任务实施步骤

1) 盘式制动器拆卸和安装

(1) 安装保护三件套。

(2) 顶起车辆如图 4-2-10 所示。

(3) 拆下轮胎和车轮总成。

(4) 压缩前制动钳活塞。

(5) 拆下盘式制动片。

(6) 拆下盘式制动钳。

(7) 安装制动钳。

(8) 安装制动片至制动钳上。

(9) 安装制动钳活塞。

(10) 安装轮胎和车轮总成。

(11) 降下车辆。

图 4-2-10　顶起车辆

2) 制动盘表面和磨损检查

(1) 用制动器清洗剂清洁制动盘的摩擦面。

(2) 检查制动盘摩擦面是否严重锈蚀、点蚀、开裂、灼斑、严重变蓝,如图 4-2-11 所示。如果制动盘摩擦面出现上述一种或几种"制动盘表面状况",则需要对制动盘进行表面修整或更换。

图 4-2-11　制动盘摩擦面开裂及划痕深度测量

(3) 使用精度达微米级的千分尺,测量并记录制动盘摩擦面上所有划痕的深度,如图 4-2-11 所示。

3) 制动盘厚度测量

(1) 用制动器清洗剂清洁制动盘摩擦面。

(2) 使用精度达微米级的千分尺,测量并记录制动盘圆周上均匀分布的 4 个或更多个点的最小厚度。在测量的过程中,确保仅在制动盘摩擦面内进行测量,且每次测量时千分尺与制动盘外缘的距离相等(约 13 mm),如图 4-2-12 所示。

图 4-2-12 制动盘厚度测量

(3) 将制动盘的最小厚度测量值与盘式制动器组件规格进行比较。如果制动盘的最小厚度测量值大于表面修整后最小允许厚度规格,则可根据可能出现的表面状况和磨损情况对制动盘进行表面修整;如果制动盘的最小厚度测量值小于或等于表面修整后最小允许厚度规格,则不能对制动盘进行表面修整;如果制动盘的最小厚度测量值等于或小于报废厚度规格,则需要更换制动盘。

4) 制动片的检查

(1) 在多个点处测量剩余的制动片厚度。

(2) 将制动片厚度与盘式制动器组件规格进行比较,如果制动片厚度大于不带制动衬片的制动片的报废厚度,则可继续使用;如果制动片厚度小于不带制动衬片的制动片的报废厚度,则必须更换制动片。

5) 制动钳的检查

(1) 检查制动钳壳体是否开裂、严重磨损、损坏。如果出现上述状况,则需要更换制动钳。

(2) 检查制动钳活塞防尘密封罩是否开裂、破裂、有切口、老化、未正确安装在制动钳壳体上。如果出现上述状况,则需要大修或更换制动钳。

(3) 若制动钳排气阀帽丢失,则更换新的制动钳排气阀帽。

(4) 检查排气阀是否阻滞。

(5) 检查制动钳活塞在制动钳孔中是否能平滑移动且完成行程:制动钳活塞在制动钳孔中的移动应平滑且均匀。如果制动钳活塞卡住或难以移动到底,则需要大修或更换制动钳。

6) 制动鼓直径测量

(1) 用工业酒精或制动器清洗剂,清洁制动鼓的制动蹄摩擦衬片接触面。

(2) 使用高精度的千分尺,测量并记录制动鼓圆周上均匀分布的 4 个或更多个点的最大直径。务必确保仅在制动蹄摩擦衬片的接触部位进行测量。每次测量时,千分尺都必须放置在距离制动鼓外边缘的同等距离处,如图 4-2-13 所示。

7) 制动鼓表面和磨损检查

(1) 检查制动鼓表面是否存在以下"制动器表面状况":轻微的表面锈蚀,可用砂轮清除;严重表面锈蚀、点蚀,必须通过修整制动鼓表面清除;开裂、灼斑、严重变蓝、缺失配重,则需要更换制动鼓。图 4-2-14 所示为制动鼓表面和磨损检查。

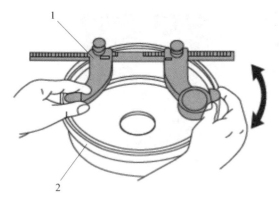

图 4-2-13 制动鼓直径测量   图 4-2-14 制动鼓表面和磨损检查

1—制动鼓千分尺；2—制动鼓

（2）使用高精度的千分尺，测量并记录制动鼓表面的所有划痕。务必确保仅在制动蹄摩擦衬片的接触部位进行测量。

8）鼓式制动器构件的检查

通过目视检查鼓式制动器系统制动蹄弹簧是否存在以下状况：制动蹄弹簧在任何弹簧点弯曲、损坏或开裂，制动鼓部件严重腐蚀，制动鼓部件严重拉伸、扭曲或卡滞，车轮制动分泵护套损坏或者泄漏。如果出现上述状况，则更换制动蹄弹簧和/或车轮制动分泵。图 4-2-15 所示为鼓式制动器构件的检查。

图 4-2-15 鼓式制动器构件的检查

习题及思考题

（1）汽车制动系统由哪些部分组成？
（2）简述汽车制动系统的工作原理。
（3）实操并说明制动系统拆装过程。
（4）实操并说明制动系统制动盘表面及磨损如何检查。
（5）实操并说明制动系统制动鼓直径如何测量。

任务 4.3 转向系检测与故障诊断

学习目标

◎ 掌握转向系检测与故障诊断方法。

◎ 掌握常见转向系故障原因和诊断过程。

能力要求

◎ 能够对转向系进行检测。
◎ 能够对转向系故障进行诊断与维修。

任务导入

一辆大众宝来车,行驶里程为8万千米,近期出现转向不灵敏、方向盘旷量很大、打方向盘时有"咯咯"异响、转向沉重现象。经维修人员分析判断,这种现象是转向器导致的,然后对转向器进行拆装、检查,最终确认故障原因是转向器过度磨损。

学习指引

为了能够对转向系进行检测和故障排除,我们需要掌握转向系的具体组成、构造和工作原理。

相关知识

1. 转向系的分类与结构

汽车转向系是驾驶员通过操纵方向盘使转向轮发生偏转和回位,从而实现转向过程的机构。其功能是按照驾驶员的意愿转向和保持汽车稳定直线行驶。汽车转向系分为机械转向系和动力转向系两种类型,目前大多数汽车采用动力转向系。

机械转向系以驾驶员的操纵力为动力,主要由转向操纵机构、转向器与转向传动机构组成,如图4-3-1所示。

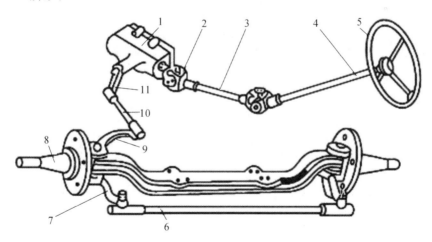

图4-3-1 机械转向系的组成

1—转向器;2—转向万向节;3—转向传动轴;4—转向管柱;5—转向盘;6—转向横拉杆;7—转向纵拉杆;
8—转向节;9—转向节臂;10—转向直拉杆;11—转向摇臂

动力转向系是在机械转向系基础上加装一套动力转向装置形成的。在转向时,驾驶员只提供一小部分的能量,大部分能量由发动机通过转向助力装置(电动转向的助力装置是电动机)来提供。只是在动力转向装置失灵的情况下,由驾驶员独立承担汽车转向的动力消耗。动力转向系又分为液压动力转向系、电动液压动力转向系、电动动力转向系等。图4-3-2所示为液压动力转向系的组成,图 4-3-3 所示为电动动力转向系的组成。

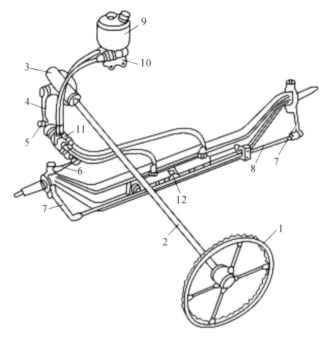

图 4-3-2　液压动力转向系的组成

1—转向盘;2—转向轴;3—机械转向器;4—转向摇臂;5—转向主拉杆;6—转向节臂;7—梯形臂;
8—转向横拉杆;9—转向油罐;10—转向油泵;11—转向控制阀;12—转向动力缸

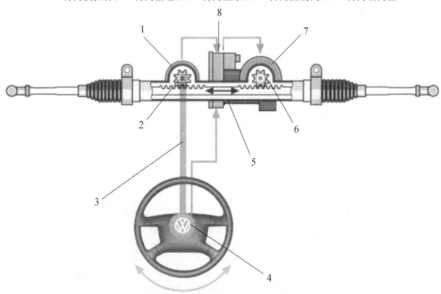

图 4-3-3　电动动力转向系的组成

1—转向力矩传感器;2—转向小齿轮;3—转向柱;4—方向盘转角传感器;5—转向齿条;6—驱动小齿轮;7—电动机;8—控制单元

2.常见故障现象与排除方法

汽车转向时,驾驶员对方向盘施加一个转向力矩,方向盘则以某种角速度向指定方向转动。该力矩通过转向柱传给转向器,经转向器降速增扭改变力矩的传递方向后传递给左、右横拉杆。横拉杆推动转向节臂运动,带动转向节转动,使左、右车轮偏转相应的角度,从而改变汽车的行驶方向。转向结束后,将方向盘恢复至原始位置,使转向车轮恢复至直线行驶位置。

常见转向系故障主要有:转向沉重、行驶跑偏、转向轮摆动、转向不灵敏、液压动力转向系工作不良、电动动力转向系工作不良等。

1) 转向沉重

(1) 故障现象。

转动方向盘时感到沉重费力,无回正感,甚至打不动。

(2) 故障原因。

主要原因是各部件间隙过小、配合过紧、润滑不良或助力装置失效。

①转向器内缺油或油过脏。
②转向螺杆两端轴承过紧或轴承损坏。
③转向器啮合间隙过小。
④转向器、转向节主销、轴承衬套部位缺油或过紧。
⑤横、直拉杆球头销部位缺油或过紧。
⑥转向节止推轴承缺油、损坏或过紧。
⑦前稳定杆变形。
⑧转向轴弯曲。
⑨前轮轮毂轴承过紧。
⑩前轮定位失准,主销后倾角过大,主销内倾角过大,前轮前束调整不当。
⑪转向桥、车架弯曲变形。
⑫钢板弹簧挠度和尺寸不符合规定。
⑬轮胎气压不足。

2) 行驶跑偏

(1) 故障现象。

汽车行驶时,稍松转向盘,汽车就会自动偏向另一边,必须用力握住转向盘,才能保证车辆的直线行驶。

(2) 故障原因。

①两前轮气压不一致,或新换轮胎外径不一致,或两前轮新旧程度悬殊。
②前悬架两侧减振弹簧弹力不等或减振器工作性能存在较大差异。
③一侧前轮制动器制动间隙过小,导致制动拖滞或轮毂轴承过紧。
④两侧主销后倾角或车轮外倾角不相等,前轮不符合要求。
⑤一侧钢板弹簧错位或折断。
⑥转向节臂、转向臂、横拉杆、直拉杆变形。
⑦转向桥或车架变形,两侧轴距不等。
⑧转向轮某一侧的前稳定杆下摆臂变形。

图4-3-4所示为前轮定位的检查。

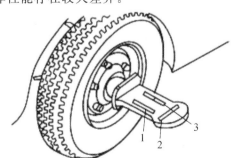

图 4-3-4 前轮定位的检查

1—前轮外倾标尺;2—主销内倾标尺;3—主销后倾标尺

3) 转向轮摆动

(1) 故障现象。

汽车在某转速范围内行驶时,转向轮摇摆或转向盘抖动。

(2) 故障原因。

①转向器螺杆(蜗杆)两端轴承严重磨损,间隙过大。

②横、直拉杆球头销及球头座磨损,使球关节松旷。

③转向摇臂与摇臂轴的紧固螺栓、螺母松动。

④前轮轮毂轴承磨损松旷、固定螺母松动。

⑤前轮前束过大,车轮外倾角、主销后倾角过小。

⑥前轴弯曲,车架、前轮轮辋变形。

⑦前轮外胎由于修补或装用翻新胎失去平衡。

⑧减振器失效,前钢板弹簧刚度不一致。

(3) 故障诊断与排除。

①一人转动转向盘,另一人在车下观察转向器和转向传动机构。若转向盘转动了一定角度,而转向摇臂未转动,则故障在转向器;若转向摇臂转动了一定角度而前轮未偏转,则故障在转向传动机构。

②若故障在转向器,应拆下转向器,检查齿轮与齿条(螺母齿条与齿扇)啮合间隙是否过大。若过大,应予以调整。

③如果故障在转向传动机构,应将横、直拉杆拆下,检查横、直拉杆球头销和球头碗是否严重磨损,弹簧是否折断,螺塞是否调整过松。必要时应重新调整或换件。

④若转向盘自由转动量符合要求,再用千斤顶将前轮架起,用橇棒往上撬轮胎。若有松旷量,则为前轮轮毂轴承松旷或转向节主销与衬套间隙过大,应进行调整或修理,轴承损坏应更换。图 4-3-5 所示为检查主销与衬套配合是否过松。

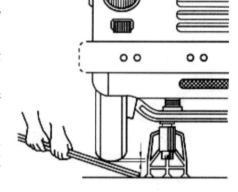

图 4-3-5 检查主销与衬套配合是否过松

⑤确认前轮无松旷量,应检查前轮前束是否符合要求。若不符合要求,应重新调整。

⑥若前轮前束符合要求,应检查前梁固定螺栓、转向器固定螺栓是否松动。若松动,应按规定力矩拧紧。

⑦若上述部件无松动,应检查前钢板弹簧刚度和减振器是否失效。若前钢板弹簧刚度不符合要求或减振器已失效,应予以更换。

⑧若仍存在摆振现象,则应对转向轮进行平衡检测和校正。

⑨经上述检查调整仍无效时,应卸下前轴和车架,检查是否弯曲变形。若变形,应予以校正或更换。

4) 转向不灵敏

(1) 故障现象。

左、右转动转向盘时,有明显的间隙感觉;需较大幅度地转动方向盘才能控制汽车的行驶方向。

(2) 主要故障原因。

主要原因是各部件配合间隙过大、松动。

①转向器主动齿轮与齿条啮合间隙过大、轴承松旷,横拉杆及各连接杆件松旷。

②轮毂轴承调整不当或磨损松旷。

(3) 故障诊断。

①转动转向盘,转向器齿条不能立即随之运动,表明齿条与主动齿条啮合间隙过大。

②若齿条运动而横拉杆不动,应更换缓冲衬套,并检查连接情况。

③横拉杆运动而转向臂不动,应对横拉杆外端球头销进行检修与调整。

④若转向臂能随之灵活摆动,可晃动前轮检查轮毂轴承是否松旷。

⑤对于其他类型的转向系,还应检查和调整转向器的轴承预紧度、啮合间隙,调整、紧固各连接杆件球头销等。

5) 液压动力转向系工作不良

动力转向系以发动机动力和驾驶员施加的很小的操纵力为转向系的动力。液压动力转向系在机械转向系的基础上,增加了转向储油罐、转向油泵、转向控制阀(分配阀)和动力缸等。电动动力转向系,也是在机械转向系的基础上,将直流电动机作为动力源,电子控制单元可根据车速传感器与转向传感器的输入信号,决定驱动电机的回转方向和动力的大小。

除了传统转向系由机械机构所产生的常见故障以外,常见的液压动力转向系故障还有转向盘沉重、漏油及异响等。图 4-3-6 所示为动力转向系常见故障部位示意图。

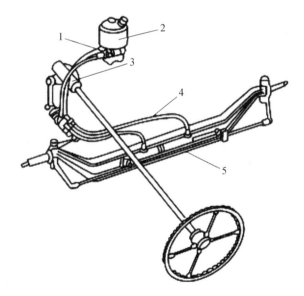

图 4-3-6　动力转向系常见故障部位示意图

1—油泵传动皮带过松;2—驱动油泵工作不良、缺油;3—转向器调整不当、磨损过甚;
4—油管、油管接头漏油;5—动力缸缸壁与活塞磨损过甚或有空气

(1) 故障现象。

①车辆行驶中,发动机在各种转速下均无转向助力作用,转动转向盘时感到费力。

②转向突然沉重。

③左、右转向力不等。
④转向时有噪声。

(2) 故障原因。
①油泵传动皮带松弛，传动皮带打滑。
②储油罐内液面过低或油液脏污。
③液压系统内混入空气。
④油泵有故障。
⑤滤清器堵阻、供油管路接头松动。
⑥安全阀漏油、弹簧过软或调整不当。
⑦液压泵内部机件磨损。

(3) 故障诊断与排除。

在液压动力转向系的故障诊断过程中，排除机械机构的故障原因后，应主要对液压系统进行检查，查明动力转向系工作不良的原因，主要步骤为：

①检查油泵传动皮带是否松弛。若过松，应予以调整。

②检查工作油温。发动机怠速运转，左、右转动转向盘数次，检查液压系统工作油温能否达到标准值。

③检查储油罐内液面是否过低。若过低，应按要求添加油液。

④检查储油罐内的油液是否混浊、脏污，有无泡沫。若发现有泡沫，检查各接头和集流管紧固螺钉是否松动，以判断是否有空气渗入。在排除漏油漏气部位故障后，再排除油液中的空气。若油液过于混浊、脏污，应更换油液和油封。

⑤检查转向齿轮的油压，如图 4-3-7 所示。若油压过低，则转向器内有泄漏现象，应对转向器检修。

⑥检查液压泵输出油压，如图 4-3-8 所示。若测得油压低于规定数值，应检查限压阀和溢流阀；若已损坏，应更换。

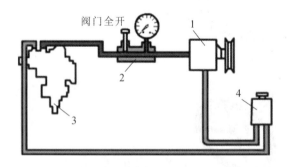

图 4-3-7　检查转向齿轮的油压

1—助力转向泵；2—油压表；3—转向器；4—储液罐

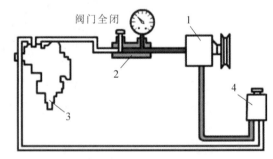

图 4-3-8　检查液压泵输出油压

1—助力转向泵；2—油压表；3—转向器；4—储液罐

6) 电动动力转向系工作不良

电动动力转向系由电动机直接提供转向助力，省去了液压动力转向系所必需的动力转向油泵、软管、液压油、传送带和装于发动机上的皮带轮，既节约了能源，又保护了环境。另外，它还具有调整简单、装配灵活以及在多种状况下都能提供转向助力的特点。目前越来越多的汽车使用电动动力转向系。图 4-3-9 为电动动力转向系机构图。

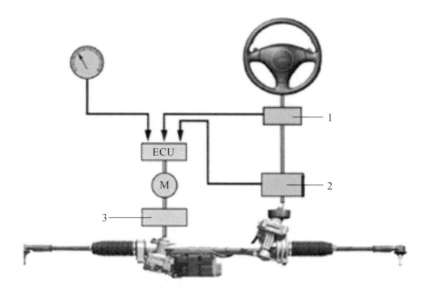

图 4-3-9 电动动力转向系机构图
1—转向角传感器；2—转向扭矩传感器；3—涡轮蜗杆传动

(1) 故障现象。

①转向助力指示灯亮。

②转向比正常时的转向略沉。

(2) 故障原因。

①电控单元电路断路（保险丝、电路、通信线路等）。

②转向系 ECU 损坏。

③转向角传感器损坏。

④转向扭矩传感器损坏。

⑤电动机损坏。

(3) 故障诊断与排除。

①使用故障诊断仪进入转向系。如不能进入，检查转向系 ECU 电源线及相关通信线路；如果线路全部正常，则表明 ECU 损坏，应进行更换。

②读取故障码，再读取相关数据流，进一步确定传感器或电动机等故障，然后检测相关线路是否存在断路、短路故障；如线路正常，应更换相关传感器或电动机。

③清除故障码。

④排除机械机构故障原因。

任务实施

例 1 索纳塔方向盘沉重。

(1) 故障现象。

索纳塔方向盘沉重，需用较大的力才能使车轮偏转。

(2) 故障诊断。

经询问，司机反映转向时越来越费力，直至感觉转向沉重。因此怀疑其动力转向系有问题。该车使用液压动力转向系。首先检查外观,没有发现漏油之处;检查油面,高度正常。然后检查油泵,在油泵的输出端和转向助力器的输入端接入油压表,测得油压为 3.6 MPa(轿车正常油压值在 6~7 MPa 之间),说明油压过低。将方向盘分别转到左或右极限位置,分别测量油压,油压仍为 3.5 MPa,这说明转向助力器、安全阀、溢流阀均正常,故障可能在油泵。

(3) 故障排除。

拆检转向助力泵,发现油泵严重磨损。更换转向助力泵后,添加新转向助力油,并排除空气,检测油压正常。试车正常,并复查油路,油路不泄漏,故障排除。

例 2 大众 Polo 转向指示灯亮。

(1) 故障现象。

大众 Polo 转向指示灯亮,转向有助力但转向盘手感比正常略沉。

(2) 故障诊断。

该车使用电动动力转向系,因此先用故障诊断仪进行诊断,读取故障码和数据流后发现转向角传感器失效。根据相关电路图,检测发现转向角传感器电路正常,因此确定转向角传感器损坏。

(3) 故障排除。

更换转向角传感器后,用故障诊断仪进行匹配,并清除故障码。试车正常,故障排除。

习题及思考题

(1) 对照图或实物说明机械转向系、液压动力转向系和电动动力转向系的工作原理。
(2) 简述机械转向系故障原因及诊断维修方法。
(3) 简述液压动力转向系故障原因及诊断维修方法。
(4) 简述电动动力转向系故障原因及诊断维修方法。

任务 4.4　行驶系检测与故障诊断

学习目标

◎ 掌握行驶系检测与故障诊断方法。
◎ 掌握常见行驶系故障原因和诊断过程。

能力要求

◎ 能够对行驶系工作原理进行分析。
◎ 能够对行驶系进行故障诊断及检测维修。

任务导入

一辆大众朗逸车,行驶里程为 6 万千米,车速达到 110 km/h 时方向盘开始振动。经维修人员分析判断,造成这种现象的原因是前轮不平衡,然后对前轮进行车轮动平衡检测,最终确认故障原因是车轮不平衡。

学习指引

为了能够对行驶系进行故障诊断及检测维修,我们需要掌握行驶系的具体组成、构造和工作原理。

相关知识

1. 行驶系的组成

汽车行驶系的主要作用是将汽车各部件连成一个整体,支承汽车总质量;将传动系传来的转矩转化为汽车行驶的驱动力;承受并传递路面作用于车轮上的各种反作用力及力矩;减少振动,缓和冲击,保证汽车平稳行驶。行驶系主要由四个部件组成:车桥、车轮、车架、悬架。行驶系的一般组成示意图如图4-4-1所示。

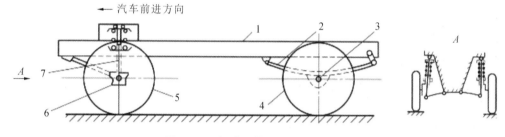

图4-4-1 行驶系的一般组成示意图
1—车架;2—后悬架(钢板弹簧非独立悬架);3—后桥;4—后轮;5—前轮;6—前桥;7—前悬架(麦弗逊式独立悬架)

2. 常见故障现象与排除方法

常见汽车行驶系故障主要有:汽车方向盘震手、汽车行驶跑偏、轮胎磨损不均、悬架异响、减振器失效故障等。

1) 汽车方向盘震手

(1) 故障现象。

汽车方向盘震手,轮胎有明显颠簸或摆动,转向轮摆动尤其明显。

(2) 故障原因。

①左、右轮胎气压不相等或者不符合标准。

②转向轮定位不准。

③减振器性能不良或损坏。

④转向系零部件松动或磨损松旷。

⑤悬架与车身连接部分松动以及悬架构件工作不良。

⑥车轮不平衡。如车轮动平衡不良、两侧轮胎磨损程度不同、轮面凹陷偏心、车轮或制动鼓失圆等。

2) 汽车行驶跑偏

(1) 故障现象。

汽车不能保持居中位置行驶,向一侧跑偏,需要不断修正才能正常行驶。

(2) 故障原因。

①转向轮定位失准。

②两前轮气压不一致。
③两端主销后倾角或车轮外倾角不相等。
④前束过大或过小。
⑤有一边的钢板弹簧错位、折断,两边弹力不均或一边减振器失效。
⑥两前轮轮毂轴承松紧调整不一,有一边车轮制动拖滞。
⑦转向节臂、转向节弯曲变形。
⑧前轴、车架变形,钢板弹簧U形螺栓松动等使左右轴距不相等。
⑨后桥轴管弯曲变形。

3) 轮胎磨损不均

(1) 故障现象。

轮胎表面出现两肩磨损、胎冠中部磨损、内侧或外侧磨损、呈锯齿形磨损或呈波浪状磨损等现象。

(2) 故障原因。

①前轮外倾角、前轮前束不符合要求。
②前轴、车架或转向节变形、松动。
③横、直拉杆球头销及球头销座磨损松旷。
④悬架系统的零件连接处松动,磨损过甚或损坏。
⑤车轮轮毂轴承磨损松旷或预紧度过小。
⑥车轮不平衡量过大。
⑦轮胎气压不正常。
⑧左、右轮胎尺寸规格不一。
⑨减振器失效。
⑩轮辋拱曲变形。

4) 悬架异响

(1) 故障现象。

汽车行驶中悬架发生撞击,有异响,振动强烈。

(2) 故障原因。

①钢板弹簧销或螺旋弹簧产生塑性变形或损坏。
②减振垫、限位挡块损坏。
③减振器失效。
④悬架杆连接处松动或减振器上支座松动。
⑤润滑不良。
⑥弹性元件支座损坏、变形。
⑦悬架杆变形。

(3) 故障诊断与排除。

①对于采用钢板弹簧悬架的汽车,先检查钢板弹簧是否折断或疲劳变形,再将汽车支起,使钢板弹簧处于自由状态,在钢板弹簧吊环支架端用撬棒上下撬动钢板弹簧。若松动,应检查钢板弹簧销、吊环支架是否间隙过大。若间隙过大,应更换钢板弹簧销或衬套。

②对于采用螺旋弹簧的汽车,应检查螺旋弹簧是否折断或疲劳变形、支座是否松动或损

坏、悬架杆是否变形或松动。

③检查减振垫的润滑情况,必要时加注润滑脂。

④检查减振器。

5)减振器失效

(1)故障现象。

在不平路面上行驶时,汽车车身强烈振动并连续跳动,有时在一定车速范围内出现"摆头"现象。

(2)故障原因。

①减振器连接销脱落或橡胶衬套磨损、破裂。

②减振器油量不足或混入空气。

③减振器阀门密封不良,阀瓣与阀座贴合不良。

④减振器活塞与缸筒磨损过量,配合松旷。

任务实施

例 1 海马福美来行驶异响。

(1)故障现象。

海马福美来汽车,行驶8万千米,低速行驶时无响声,中速行驶时发出异响,在不平的道路上异响更加明显。

(2)故障诊断。

先检查驱动半轴,发现球笼套等正常,无异响;将汽车举升起来,用手将车轮底部反复向内外扳动,检查悬架各连接件,发现前悬架下摆臂与发动机横梁处松旷。经查,该处衬套已严重磨损,有较大间隙产生,同时发现发动机机脚垫磨损损坏,从而导致车辆在行驶中发出异响。

(3)故障排除。

更换悬架衬套及发动机机脚垫,试车正常,故障排除。

例 2 索纳塔车身、方向盘抖动。

(1)故障现象。

北京现代索纳塔,行驶10万千米,近期发现车速增大时车身、方向盘抖动。

(2)故障诊断。

经询问,司机曾经换过一个轮胎,因此怀疑故障由车轮不平衡所致。先着车并踩下油门踏板,检查发动机,未发现发动机异常抖动。检查四个车轮胎压及外观,未发现胎压不足或轮胎变形。拆下车轮,进行动平衡检测,发现偏差过大,确定故障原因。

(3)故障排除。

对四个车轮进行动平衡校正,安装后,试车,故障排除。

习题及思考题

(1)对照图或实物说明行驶系的工作原理。

(2)简述行驶系故障原因及诊断维修方法。

(3)什么情况下需要做车轮动平衡?

(4)什么情况下需要做四轮定位?简述如何操作。

模块 5　车身电气系统检测与故障诊断

任务 5.1　汽车前照灯不亮故障检修

学习目标

◎ 掌握汽车照明系统电路的基本原理。
◎ 掌握汽车照明系统的作用、组成。
◎ 掌握常见汽车照明系统故障及排除方法。

能力要求

◎ 能够分析汽车照明系统的电路图。
◎ 能够排除常见汽车照明系统故障。

任务导入

一辆丰田卡罗拉轿车的车主反映：车辆行驶在国道上，当夜幕降临时，打开前照灯的远光灯，远光灯不亮，只好打开近光灯，为了保证行车的安全只好减小车速。

学习指引

为了能够对该车照明系统故障进行检修和排除，我们需要掌握汽车照明系统的具体组成、构造和工作原理。

相关知识

汽车前照灯的作用是保证汽车夜间行驶的安全。随着照明技术的发展和创新，现代汽车照明系统的功能日益强大。

1.汽车照明系统的功能和组成

1）汽车照明系统的功能

汽车照明系统是汽车在夜间行驶必不可少的照明设备。为了增大汽车的行驶速度，确保夜间行车的安全，减小交通事故和机械故障的发生概率，汽车上都装有多种照明设备。

2）汽车照明系统的组成

汽车照明系统除了要美观、实用外，还需要满足两个要求：一个是能保证行车安全，另一个是符合交通法规。汽车照明系统的基本组成有前照灯（大灯）、示宽灯（小灯）、雾灯、牌照灯、顶灯、仪表灯、行李箱灯等。

2. 前照灯的结构和类型

1) 前照灯的基本要求

为了确保夜间行车的安全,前照灯应保证车前有明亮而均匀的灯光,使驾驶员能看清车前 100 m 内路面上的障碍物。汽车行驶速度的不断增大,对汽车前照灯的照明距离也要求得越来越远,现代高速汽车的照明距离应达到 200 m 以上。此外,前照灯在工作时,应具有防眩目功能,以免在夜间两车相会时因对方驾驶员炫目而造成交通事故。

2) 前照灯的结构

汽车前照灯一般由光源(灯泡)、反射镜、配光镜(散光镜)组成。前照灯结构如图 5-1-1 所示。

图 5-1-1 前照灯结构

1—灯泡;2—配光镜;3—反射镜

3) 前照灯的分类

按照前照灯光学组件结构的不同,可将其分为以下几种:可拆式前照灯、半封闭式前照灯、封闭式前照灯和投射式前照灯。

3. 前照灯电路

1) 灯光开关

灯光开关有以下几种形式:拉扭式(几乎不用)、旋转式(见图 5-1-2)、组合式(见图 5-1-3)。

图 5-1-2 旋转式大灯开关　　图 5-1-3 组合式大灯开关

2) 变光开关

变光开关可以根据需要切换远光和近光。目前汽车上多采用组合式变光开关,组合式变光开关安装在方向盘下方,便于驾驶员操作。

3) 前照灯继电器

前照灯的工作电流大,特别是四灯制的汽车,若用车灯开关直接控制前照灯,车灯开关易损坏,因此在灯光电路中设有大灯继电器,如图 5-1-4 所示。

大灯继电器的作用是用小电流来控制大电流,其工作原理是:小电流经过继电器电磁线圈产生磁场,继而吸合继电器触点开关,触点开关又控制较大功率用电器的工作电流的通断。

4) 前照灯基本电路

汽车前照灯基本电路如图 5-1-5 所示,由蓄电池、总保险丝、大灯开关、变光开关、超车灯开关、近光灯、远光灯等组成。其工作原理为:

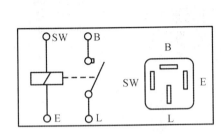

图 5-1-4 大灯继电器

(1) 近光灯点亮时的工作电流路径为:蓄电池正极→保险丝→大灯开关→保险丝→变光开关(在近光位置)→近光灯泡→蓄电池负极。

(2) 远光灯点亮时的工作电流路径为:蓄电池正极→保险丝→大灯开关→保险丝→变光开关(在远光位置)→远光灯泡→蓄电池负极。

(3) 超车灯点亮时的工作电流路径为:蓄电池正极→保险丝→超车灯开关→远光灯泡→蓄电池负极。

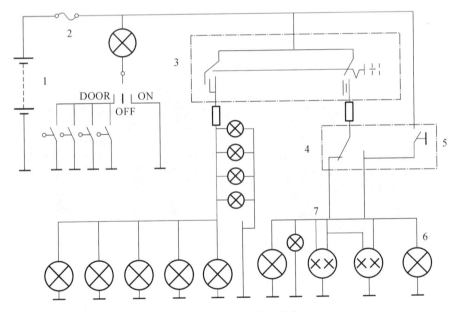

图 5-1-5 前照灯基本电路

1—蓄电池;2—总保险丝;3—大灯开关;4—变光开关;5—超车灯开关;6—近光灯;7—远光灯

现在汽车前照灯电路基本上是在该电路的基础上改进而来的,例如增加大灯继电器保护大灯开关、增加电子控制装置实现自动控制等。

4. 常见的前照灯故障

1) 前照灯远近光均不亮

(1) 故障现象:接通开关,前照灯所有灯泡都不亮。

(2) 故障原因:熔断丝烧损;电源线路断路或连接不良;前照灯开关损坏;线路搭铁故障等。

(3)故障诊断：

①按喇叭进行试验，如果喇叭响，表明熔断丝之前的电源线路良好，可用试灯法检查熔断丝后面的线路，如果线路连接良好，则可能为前照灯开关故障。

②用导线连接变光开关的电源接线柱与近光灯或远光灯接线柱，如灯亮，则故障在变光开关或变光开关至灯之间的线路；如灯不亮，可能是搭铁故障。

③按喇叭进行试验，如果喇叭不响，熔断丝完好，则表明熔断丝之前的电源线路存在断路或连接不良故障；如果熔断丝烧损，则为熔断丝之后的电路中有搭铁故障。

2）前照灯只有近光或远光

(1)故障现象：前照灯开关接通后，只有近光灯或远光灯亮。

(2)故障原因：近光或远光继电器损坏；变光开关损坏；近光或远光电路公共部分中的某一根导线断路等。

(3)故障诊断：

①拆下继电器，检查继电器线圈电阻和触点接通情况，如果完好，故障可能在变光开关或线路。

②用试灯法检查继电器插座，正常情况下线圈和触点均有一个脚座试灯亮，若试灯不亮，则电源至继电器连接线路断路。

③用一根导线连接继电器两触点插座，观察前照灯：若前照灯亮，则故障可能是变光开关损坏或变光开关线路断路；若前照灯仍不亮，应继续检查灯泡线路是否断路、灯座接触是否良好。

3）前照灯只有一侧亮，另一侧不亮

(1)故障现象：前照灯开关接通后，前照灯只有一侧亮，另一侧不亮。

(2)故障原因：前照灯连接器或搭铁线松脱；导线断路或搭铁；灯泡烧坏等。

(3)故障诊断：

①检查不亮侧的前照灯连接器，若松脱或接触不良，可拆下检查，并进行必要校正，然后重新插接稳固；如果重新连接后故障现象仍然存在，则继续以下检查。

②检查不亮侧的前照灯搭铁线是否脱落，如有不良，应重新进行紧固。若重新紧固后故障现象仍然存在，则为灯泡线路断路或本身故障。

③检查灯泡是否完好，否则应予以更换。

4）前照灯亮度不够

(1)故障现象：接通开关，前照灯灯光昏暗，亮度不够。

(2)故障原因：蓄电池充电不足；交流发电机输出电压过低；导线连接松动；搭铁不良；灯泡发黑；半封闭式前照灯的反光镜老化或有污物。

(3)故障诊断：

①用万用表检测蓄电池的电压，蓄电池电压应在 12 V 以上，若低于 12 V，应检查蓄电池并予以充电。

②检查交流发电机的输出电压，若输出电压低，则为发电机或其调节器故障。

③用试灯法检查前照灯的电路，并检查各种导线插头，排除线路故障，若故障现象仍然存在，则为灯泡自身故障，应更换。

任务实施

1. 任务实施准备

(1) 场地要求：实训操作场地通风良好，各用电设备及危险位置具备安全提示。
(2) 教学要求：根据工位数量将学生分组。
(3) 操作准备：实训轿车、万用表、试电笔、维修手册、常用工具。

2. 任务实施步骤

1) 远光灯不亮的故障原因分析

(1) 丰田卡罗拉1.6 L远光灯电路分析。

丰田卡罗拉1.6 L远光灯主电路和控制电路分别如图5-1-6和图5-1-7所示。其远光灯电路由蓄电池、50A总保险丝、远光灯继电器、左边远光灯及保险丝、右边远光灯及保险丝、组合开关组成。

其远光灯电路的工作原理是：组合开关E60中灯开关打到大灯位置，变光开关打到远光灯位置(此时组合开关中接通情况为灯光开关中"H"与"E"接通，变光开关中"HU"与"H"接通)，远光灯才会点亮。

远光灯继电器线圈控制电流路径：蓄电池正极、50A保险丝、远光灯继电器线圈、组合开关、蓄电池负极。

远光灯工作电流路径：蓄电池正极、50A保险丝、远光灯继电器触点、左右远光灯保险丝、左右远光灯、蓄电池负极。

(2) 远光灯不亮的故障可能原因。

①其中一边远光灯不亮的故障可能原因：根据电路图分析，一边远光灯不亮故障不会出现在两边远光灯电路的公共部分，只会出现在一边远光灯不亮的分支电路上。其故障可能发生在(以左边为例)，H-LPLH(10A)保险丝、A38远光灯泡、DIMMER继电器插座(5号)到H-LPLH(10A)保险丝线路、H-LPLH(10A)保险丝到A38远光灯泡线路、A38远光灯泡到蓄电池负极线路。

②两边远光灯都不亮的故障可能原因：根据电路图分析，两边远光灯都不亮的故障出现在两边远光灯电路的公共部分的可能性较大，也不排除两边远光灯分支电路同时出现故障的可能性。其两边远光灯电路的公共部分出现故障的可能位置有DIMMER继电器、组合开关E60、50A总保险丝至DIMMER继电器线路、DIMMER继电器至H-LPLH/RH(10A)保险丝线路、DIMMER继电器至组合开关E60。

2) 远光灯不亮故障检修

(1) 其中一边远光灯不亮(以左边为例)检修。

①检查H-LPLH(10A)保险丝。取出H-LPLH(10A)保险丝，用万用表检查其电阻，如阻值很小(显示零点几欧)说明保险丝正常，如阻值无穷大则说明保险丝损坏。在更换保险丝之前要确认该保险丝负载电路是否短路，如短路须先排除短路故障后方可换上同规格的保险丝。

②检查A38远光灯泡。从左前大灯总成中拆下远光灯泡，用万用表检查A38远光灯泡，测量远光灯泡丝电阻时，如阻值在1Ω左右说明灯泡正常，如阻值无穷大则说明保险丝损坏。

③左前远光灯分支电路导线测量。用万用表测量DIMMER继电器插座(5号脚)至H-

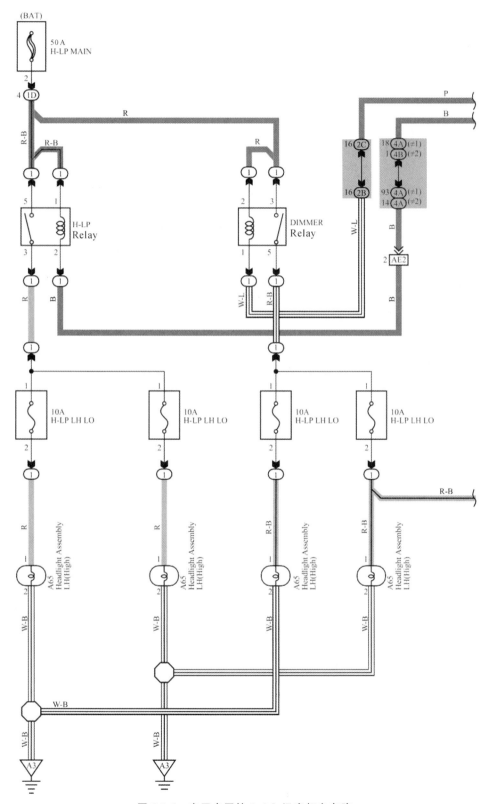

图 5-1-6　丰田卡罗拉 1.6 L 远光灯主电路

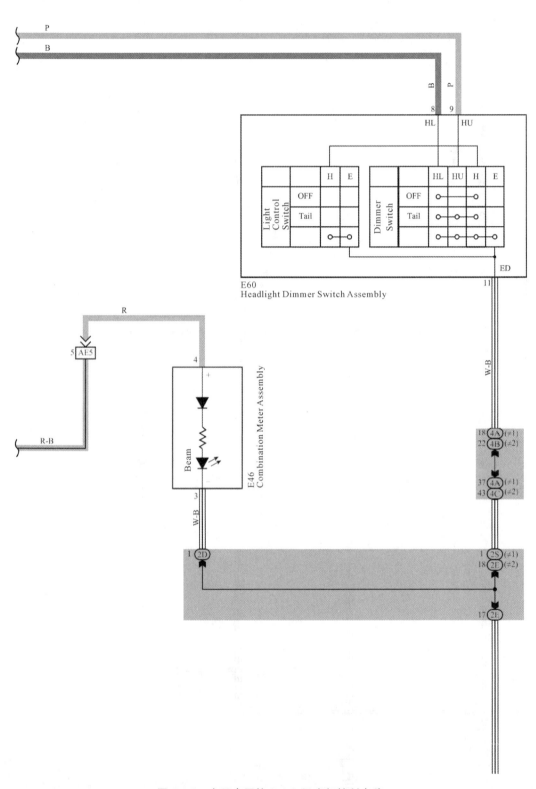

图 5-1-7　丰田卡罗拉 1.6 L 远光灯控制电路

LPLH(10A)保险丝间导线的电阻时,正常值应为 1 Ω。拔下 H-LPLH(10A)保险丝后,可能无法判断两个引脚中哪个引脚连到 DIMMER 继电器插座(5 号脚),可以把保险丝插座的两个引脚各试一次,正常情况下,应有一次测量时是通路,否则说明该线路断路。检查 H-LPLH(10A)保险丝至 A38 远光灯泡间导线。检查 A38 远光灯泡至搭铁间导线。

通过以上检查会查出某个部位或几个部位不正常,那么该部位故障就是造成左前远光灯不亮的原因。右前远光灯不亮的检修方法与之相同,可以自行参照进行操作。

(2) 远光灯都不亮故障检修。

①检查 DIMMER 继电器。将 DIMMER 继电器从发动机舱保险盒中取下来,用万用表测量继电器常开触点,在继电器静态时,电阻应该为无穷大;继电器线圈的电阻应该为 80～200 Ω。向继电器线圈施加 12 V 电压后,正常情况下会听到继电器吸合的声音,并且用万用表测量,常开触点之间应为导通状态。

②检查组合开关 E60。拆卸组合开关 E60 的下护罩并断开 E60 的线束连接器,检测组合开关 E60 中远光灯开关。检测远光灯开关好坏时,应将大灯开关打开,将变光开关打到远光灯位置,用万用表的电阻挡测量组合开关 E60 的 9 脚(HU)和 11 脚(ED)的通断情况。可以参照线束连接器上编号找到大灯开关总成插头上的 E60 的 9 脚(HU)和 11 脚(ED)。

③远光灯公共部分电路导线测量。测量 50AH-LPMAIN 保险丝至 DIMMER 继电器插座(2 号脚和 3 号脚)导线。用万用表的电压挡或试灯测量 DIMMER 继电器插座(2 号脚和 3 号脚)对搭铁间的电压;如果万用表有 12 V 左右的电压或试灯正常发光,则说明线路正常。测量 DIMMER 继电器插座(5 号脚)至 H-LPLH(10A)或 H-LPRH(10A)保险丝间导线。用万用表测量导线的电阻时,正常值应为 1 Ω。拔下(10A)保险丝后,可能无法判断两个引脚中哪个引脚连到 DIMMER 继电器插座(5 号脚),可以把保险丝插座的两个引脚各试一次,正常情况下,应该有一次测量时是通路,否则说明该线路断路。测量 DIMMER 继电器插座(1 号脚)至组合开关 E60 的 9 脚(HU)。用万用表测量导线的电阻时,正常值应为 1 Ω。

如果左右远光灯公共部分电路检测都正常,可能原因为左右分支电路同时出现故障。其检修方法可参照一边远光灯不亮检修方法。

习题及思考题

(1) 汽车照明系统的种类和功能有哪些?
(2) 前照灯由哪些部分组成?
(3) 简述常见的前照灯故障、故障原因及故障排除方法。

任务 5.2 汽车转向灯不工作故障检修

学习目标

◎ 掌握汽车信号系统电路的基本原理。
◎ 掌握汽车信号系统的作用、组成。
◎ 掌握常见汽车信号系统故障及排除方法。

能力要求

◎ 能够分析汽车信号系统的电路图。
◎ 能够排除常见的汽车信号系统故障。

任务导入

一辆丰田卡罗拉轿车的车主反映：车辆在国道上行驶一段路程后，向前面一辆缓慢行驶的农用车发超车信号时，左转向灯不亮。只好按下喇叭开关，发声音信号勉强超车。

学习指引

为了能够对该车照明系统故障进行检修和排除，我们需要掌握汽车信号系统的具体组成、电路、控制原理和常见的故障。

相关知识

1. 汽车信号系统的作用和组成

1）汽车信号系统的作用

汽车信号系统的作用是通过声响和灯光向其他司机和行人发出警告，引起其他车辆和行人的注意，确保车辆行驶的安全。

2）汽车信号系统的组成

汽车信号系统主要有转向灯、危险报警灯、示宽灯、制动灯（刹车灯）、倒车灯、仪表报警灯、仪表指示灯、喇叭等。

2. 转向灯的作用和组成

1）转向灯的作用

转向灯的作用是指示车辆行驶方向，以引起交通民警、行人和其他驾驶员的注意，提高车辆行驶的安全性。另外，汽车在行驶中，如遇危险情况，可使前后左右4个转向灯同时闪烁，以作为危险警告信号，请求其他车辆避让。

2）转向灯的组成

转向灯系统主要由转向灯、闪光器、转向灯开关和转向指示灯等组成。

转向灯一般具有一定的频闪，是由闪光器控制的。通常按照结构和工作原理的不同闪光器分为电热式、电容式、翼片式、晶体管式和集成电路式等类型。现在汽车上广泛应用的闪光器的类型为晶体管式和集成电路式，这是因为晶体管式和集成电路式闪光器具有性能稳定、可靠等优点。

目前汽车上应用的转向灯开关及危险报警灯开关如图5-2-1所示，危险报警灯开关一般安装在汽车的仪表盘上，一般标有红色三角符号。

3. 转向灯及危险报警灯基本电路

转向灯及危险报警灯基本电路一般由左右转向灯、闪光器、蓄电池、点火开关、熔断器、转向灯开关、危险报警灯、危险报警灯开关等组成，如图5-2-2所示。当按下危险报警灯开关时，危险报警灯回路接通，汽车前后左右4个转向灯同时闪烁，进行危险报警；再按一下后，切断危险报警灯回路，危险报警灯停止闪烁。转向灯开关安装在方向盘的下方，一般情况下与大灯开

图 5-2-1 转向灯开关及危险报警灯开关

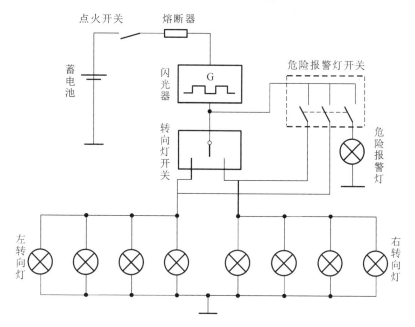

图 5-2-2 转向灯及危险报警灯基本电路

关、变光开关集成在一起形成组合开关。

4. 常见的转向灯故障

1) 转向灯不亮

(1) 故障现象:拨动转向灯开关,转向灯都不亮。

(2) 故障原因:熔断器烧断;电源线路断路;闪光器损坏;转向灯开关损坏。

(3) 故障诊断:

①用试灯法检查闪光器电源接线柱,若试灯不亮,则为电源线路断路或熔断器烧断,应检查熔断器是否完好;若试灯亮,说明电源线路连接良好。

②用导线短接电源接线柱与闪光器引出接线柱,并拨动转向灯开关。如果转向灯亮,说明闪光器已损坏;如果转向灯不亮,用导线直接给转向灯通电,如果灯亮,则为闪光器至转向灯开关间某处断路或转向灯开关损坏;否则为灯泡烧损。

③如果在上述试验过程中出现一边转向灯亮,一边不亮,且导线连接处出现强烈火花时,表明不亮的一边线路有搭铁故障,导致闪光器烧毁,应检查排除。

2) 转向灯不闪烁或闪烁过快

(1) 故障现象:拨动转向灯开关,转向灯不闪烁或闪烁过快。

(2) 故障原因:闪光器故障或转向灯的灯泡功率过小。
(3) 故障诊断:
①拔下闪光器,重新安装一只新闪光器,接通转向灯开关,若转向灯闪烁频率恢复正常(60～120 次/分),表明闪光器内部短路。
②检查各灯泡的型号规格是否与标准规定相符,如果灯泡功率过小,必须更换。

3) 转向灯闪烁频率较低
(1) 故障现象:拨动转向灯开关,转向灯闪烁频率过低。
(2) 故障原因:使用灯泡功率比规定标准功率大;蓄电池电压过低或交流发电机的输出电压过低;熔断器松动、连接器接触不良;转向灯搭铁线接触不良;闪光器频率过低。
(3) 故障诊断:
①检查使用灯泡功率,如有不符时必须更换。
②检查电源电压是否在 12 V 左右,如电压过低,应对蓄电池或交流发电机进行检修。
③检查电路是否接触不良,熔断器与连接是否松动等,如有不良,应予以排除。
④检查闪光器闪烁频率,正常频率为 60～120 次/分,否则更换闪光器总成。

任务实施

1. 任务实施准备
(1) 场地要求:实训操作场地通风良好,各用电设备及危险位置具备安全提示。
(2) 教学要求:根据工位数量将学生分组。
(3) 操作准备:实训轿车、万用表、试电笔、维修手册、常用工具。

2. 任务实施步骤
1) 左转向灯不工作故障原因分析
汽车转向灯电路及危险报警灯电路存在一些公共电路部分,一般情况下共用闪光器、转向灯泡、搭铁线等。图 5-2-3 所示为丰田卡罗拉 1.6 L 汽车转向灯及危险报警灯电路。该电路由电源保险丝、闪光器、转向灯开关、危险报警灯开关、转向灯泡等组成。其中 TURN-HAZ 为常火保险丝、ECU-IG NO.2 为受点火开关控制的保险丝、FLASHER Relay 为闪光器、E60(B) 为转向灯开关、E111(B) 为危险报警灯开关、A7 和 A6 为左转向灯泡、A18 和 A26 为右转向灯泡、L29 和 L7 为左右翼子板转向灯泡、I10 和 H10 为仪表转向指示灯泡。

根据电路图分析,导致转向灯左边不工作而危险报警灯正常的故障不在公共电路部分,而在控制左边转向灯工作的分支电路上,因此可能的故障位置有转向灯开关 E60(B) 及与转向灯开关连接的导线。

2) 左转向灯电路检修
(1) 检查转向灯开关的好坏。
检查由转向灯开关与前照灯开关组成的组合开关。将转向灯开关打到左边,用万用表测量转向灯开关插座上 5(TL)和 7(E)的电阻,正常值应小于 1 Ω。
(2) 检测转向灯开关 E60(B) 与闪光器之间的左边转向灯控制导线。
用万用表电阻挡测量闪光器插座上 5(EL)引脚与转向灯开关 E60(B)线束连接器 5(TL)间导线的电阻,正常值应小于 1 Ω。

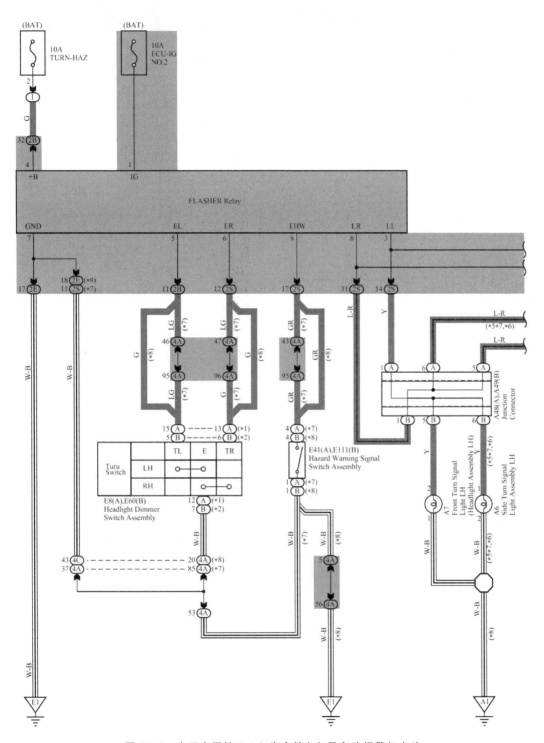

图 5-2-3 丰田卡罗拉 1.6 L 汽车转向灯及危险报警灯电路

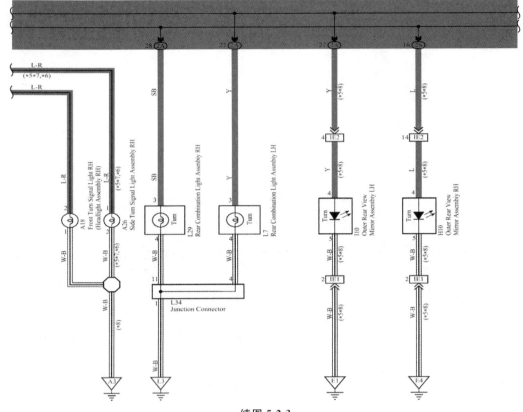

续图 5-2-3

习题及思考题

(1) 汽车信号系统的功能和组成有哪些?
(2) 转向灯系统由哪些部分组成?
(3) 简述常见的转向灯故障、故障原因及故障排除方法。

任务 5.3 刮水器工作不正常故障检修

学习目标

◎ 掌握汽车电动刮水器的组成及控制原理。
◎ 掌握常见汽车电动刮水器故障及排除方法。

能力要求

◎ 能够对电动刮水器进行电路分析及线路检测。
◎ 能够排除常见汽车电动刮水器故障。

任务导入

一辆丰田卡罗拉轿车客户反映,在雨天打开刮水器开关后刮水器在高速挡不工作。

学习指引

在使用汽车刮水器过程中,经常会产生刮水片不能工作、停位失灵等故障。为了能够完成该检查任务,应该学习以下内容:电动刮水器的结构、电动刮水器的变速和自动复位控制、电动刮水器的间歇控制、玻璃洗涤装置、常见的电动刮水器和玻璃洗涤装置故障。

相关知识

在雨天、雪天、雾天或扬沙天气行车时,视线不良,会给驾驶员带来安全隐患。为了保证在上述天气行车时驾驶员仍具有良好的视线,汽车上都装有风窗刮水器。

1. 电动刮水器的结构

通常汽车上装有前风窗刮水器,有些型号的汽车上装有后风窗刮水器。按驱动装置不同,刮水器形式有真空式、气动式和电动式三种,目前汽车上广泛使用的是电动刮水器。电动刮水器主要由刮水电动机、减速器和一套传动机构组成。图 5-3-1 所示为刮水电动机及减速器总成。图 5-3-2 所示为电动刮水器传动机构。刮水电动机旋转经减速器和传动机构的作用变成雨刮臂的摆动。

图 5-3-1 刮水电动机及减速器总成

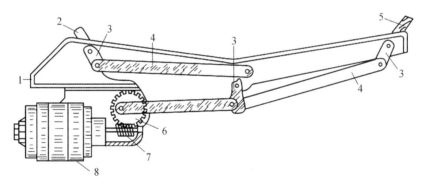

图 5-3-2 电动刮水器传动机构

1—底板;2—刷架;3—摆杆;4—拉杆;5—刷架;6—涡轮;7—蜗杆;8—电动机

2. 电动刮水器的变速和自动复位控制

为满足实际使用的要求,刮水电动机有低速、高速和间歇 3 个挡位,且在任意时刻刮水结束后,刮水片均能回到挡风玻璃最下端,即自动复位。

永磁式三刷电动机是通过利用 3 个电刷改变正负电刷之间串联的线圈数实现变速的。图 5-3-3 所示为刮水器自动复位装置原理。刮水器开关有 3 个挡位,它可以控制刮水器的速度和自动复位。0 挡为复位挡,Ⅰ挡为低速挡,Ⅱ挡为高速挡。四个接线柱分别接自动复位装置、电动机低速电刷、搭铁、电动机高速电刷。自动复位装置在减速涡轮上嵌有铜环,铜环分为两部分,与电动机的外壳相连(搭铁)。

当刮水器开关处于"Ⅰ"挡时,电流从蓄电池正极→电源开关→熔断丝→电刷 B_3→电枢绕组→电刷 B_1→刮水器开关接线柱②→接触片→刮水器开关接线柱③→搭铁→蓄电池负极,电动机以低速运转。

当刮水器开关处于"Ⅱ"挡时,电流从蓄电池正极→电源开关→熔断丝→电刷 B_3→电枢绕组→电刷 B_2→刮水器开关接线柱④→接触片→刮水器开关接线柱③→搭铁→蓄电池负极,电动机以高速运转。

当将刮水器开关退回到"0"挡时,如果刮水片没有停在规定的位置,由于触点臂与铜环接触,则电流继续流入电枢。其电路为:蓄电池正极→电源开关→熔断丝→电刷 B_3→电枢绕组→电刷 B_1→刮水器开关接线柱②→接触片→刮水器开关接线柱①触点臂→铜环→搭铁。此时,电动机以低速运转直至蜗轮旋转到规定位置,即触点臂 3、5 都和铜环 7 接触。此时电动机电枢绕组短路。但是,若电枢由于惯性不能立刻停下来,则电枢绕组通过触点臂与铜环接触构成回路,电枢绕组产生感应电流,从而产生制动扭矩,电动机将迅速停止转动,刮水器的刮水片停在规定的位置。

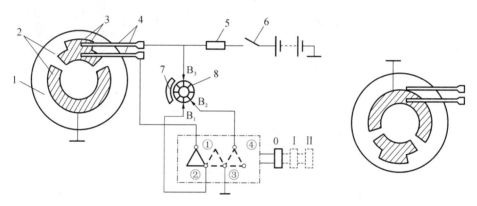

图 5-3-3 刮水器自动复位装置原理

1—涡轮;2—铜环;3—触点;4—触点臂;5—熔断丝;6—电源开关;7—永久磁铁;8—电枢

3. 电动刮水器的间歇控制

现代汽车刮水器上均加装了电子间歇控制系统,使刮水器能按照一定的周期停止和刮水。一是在与洗涤器配合使用时,可以实现先洗后刮的循环刮洗工序,以提高刮洗效率;二是在小雨或雾天中行驶时,如果刮水器仍按原来那样不断地工作,不仅会导致刮水片颤动,还会导致玻璃损伤。电动刮水器间歇控制电路形式可分为可调式和不可调式。不可调式间歇控制电路如图 5-3-4 所示,其工作过程如下:

当刮水器开关处于间歇挡位置(刮水器开关处于"0"位,且间歇开关闭合)时,电源将通过自动复位开关向电容器 C 充电,其电路为:蓄电池正极→电源开关→熔断丝→自动复位开关常闭触点(上)→电阻 R_1→电容器 C→搭铁→蓄电池负极,随着充电时间的延长,电容器两端的电压逐渐升高。当电容器 C 两端的电压升高到定值时,晶体管 T_1 和 T_2 相继由截止转为导通,从而接通继电器磁阀线圈的电路,其电路为:蓄电池正极→电源开关→熔断丝→电阻 R_5→晶体管 T_2→继电器磁阀线圈→刮水器开关→搭铁→蓄电池负极。在电磁力的作用下,继电器常闭触点打开,常开触点闭合,从而接通了刮水电动机的电路,其电路为:蓄电池正极→电源开关→熔断丝→B_3→B_1→继电器常开触点→搭铁→蓄电池负极,此时,电动机以低速运转。

当自动复位装置将自动复位开关的常开触点(下)接通时,电容器 C 通过二极管 D、自动复位装置的常开触点迅速放电,此时刮水电动机的通电回路不变,电动机继续转动。随着放电时间的

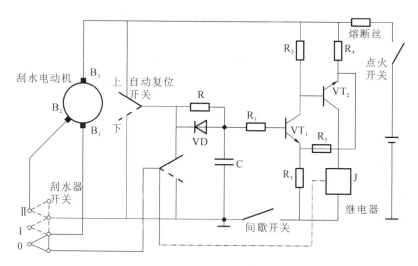

图 5-3-4 不可调式间歇控制电路

延长,晶体管 T_1 基极电位逐渐降低。当晶体管 T_1 基极电位降低到一定值时,晶体管 T_1 和 T_2 由导通转为截止,从而切断了继电器磁阀线圈的电路,继电器复位,常开触点断开,常闭触点闭合。此时,由于自动复位开关的常开触点处于闭合状态,电动机将继续转动,其电路为:蓄电池正极→电源开关→熔断丝→B_3→B_1→继电器常闭触点→搭铁→蓄电池负极。只有刮水片回到原位(不影响驾驶员视线位置),自动复位开关的常开触点断开,常闭触点闭合,电动机方能停止转动。继而电源将再次向电容器 C 充电,重复上述过程,实现刮水器的间歇动作。

4.玻璃洗涤装置

在灰尘较多的环境中行驶时,飘落在汽车风窗上的灰尘会影响驾驶员的视线,为此许多汽车的刮水系统中增设了玻璃清洗装置,必要时向风窗表面喷洒专用清洗液或水,与刮水器配合工作,保持风窗表面洁净,保证驾驶员有良好的视线。

玻璃洗涤器由洗涤液罐、喷嘴、三通、刮水器开关及洗涤泵组成,如图 5-3-5 所示。

洗涤液罐由塑料制成,其内装有洗涤液,洗涤液一般由水或水与适量的添加剂组成,添加剂有助于清洁或降低冰点。洗涤泵俗称喷水电动机,其作用是将洗涤液加压,通过输液管和喷嘴喷洒到挡风

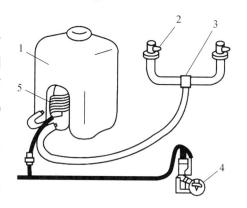

图 5-3-5 玻璃洗涤器
1—洗涤液罐;2—喷嘴;3—三通;
4—刮水器开关;5—洗涤泵

玻璃表面。洗涤泵由永磁直流电机和离心式液片泵组成,喷射压力约为 70~88 kPa。喷嘴安装在风窗玻璃下面,喷嘴方向可以调整,使洗涤液喷射在风窗玻璃的合适位置,润湿玻璃,然后再开动刮水器,将风窗玻璃上的灰尘或污物刮掉,完成洗涤工作。

5.常见的电动刮水器和玻璃洗涤装置故障

1)常见的电动刮水器故障

常见的电动刮水器故障有:刮水器不工作、刮水器只在"慢挡"工作、刮水片不能复位、刮水器在间歇挡工作不正常等。除此以外,还有一些与刮水片调整有关的故障,例如,刮水片拍打

风窗下方排水槽或一个刮水片的停止位置低于另一个刮水片的停止位置等。在对电动刮水器故障进行检修之前,需要确定是电气故障还是机械故障。最简单的方法就是从电动机上拆下连接刮水片的机械臂,接通刮水器系统,观察电动机的运行情况。如果电动机工作正常,则是机械故障,否则是电气故障。

(1) 刮水器不工作。

接通点火开关,拨动刮水器各挡开关,刮水器均不工作。首先应检查熔断丝是否熔断,接着检查刮水器中间继电器是否损坏,再检查电动机插接器连接是否良好,以及刮水器电动机是否损坏和电动机搭铁是否良好,进而对其进行相应的维修或更换。

(2) 刮水器只在"慢挡"工作。

刮水器只在"慢挡"工作,在其他各挡均不工作。应检查电源到刮水器开关之间的电路,主要是中间继电器、熔断器和刮水器开关接线端子插接是否牢固可靠。

(3) 刮水片不能复位。

停止工作时,刮水片应当停在既不触及又很靠近玻璃架的位置。如果不能复位,首先应检查刮水臂的安装是否正确,然后检查开关线路连接是否正确,最后检查自动复位装置的触片和滑片接触是否良好。

(4) 刮水器在间歇挡工作不正常。

刮水器在间歇挡工作不正常。首先检查间歇继电器的搭铁是否良好。如果搭铁正常,利用万用表检查继电器到刮水器开关之间的电路。如果该线路也是良好的,则应更换间歇继电器。

2) 常见的玻璃洗涤装置故障

常见的玻璃洗涤装置故障有:所有喷嘴都不工作或个别喷嘴不工作。故障原因可能是:洗涤泵电动机或开关损坏;线路断路或插接件松脱;洗涤液液面过低或连接管脱落;喷嘴堵塞。许多玻璃洗涤装置的故障都是输液系统故障导致的,因此检修故障时应首先拆下电动泵泵体上的水管,然后使电动泵工作。如果电动泵能够喷出洗涤液,则故障在输液系统。否则,按照下列步骤查找故障:

(1) 目测储液罐内的液体存储量。

(2) 检查熔断器和线路连接是否良好。

(3) 打开玻璃洗涤器开关,同时观察电动机。如果电动泵工作但不喷液,检查泵内是否堵塞。若堵塞,应清除泵体内的异物;若未堵塞,需更换电动泵。

(4) 如果电动泵不运转,用电压表或试灯检查开关闭合时洗涤泵电动机上有无电压。若有电压,用欧姆表检查搭铁回路,若搭铁回路良好,需更换电动泵。

(5) 在上一步中,如果所述电动机上没有电压,沿线路向开关查找,检测开关工作是否正常。如果开关有电压输入,但没有电压输出,需更换开关。

任务实施

1. 任务实施准备

(1) 场地要求:实训操作场地通风良好,各用电设备及危险位置具备安全提示。

(2) 教学要求:根据工位数量将学生分组。

(3) 操作准备:实训轿车、万用表、试电笔、维修手册、常用工具。

2. 任务实施步骤

1) 丰田卡罗拉 1.6 L 轿车电动刮水器电路分析

丰田卡罗拉 1.6 L 轿车电动刮水器电路如图 5-3-6 所示,该电路由前刮水器开关、前刮水电动机、前刮水器继电器、前清洗器开关、挡风玻璃刮水器开关、前洗涤器电动机等组成。前刮水电动机在该电路中有低速、高速、间歇三种工作模式。

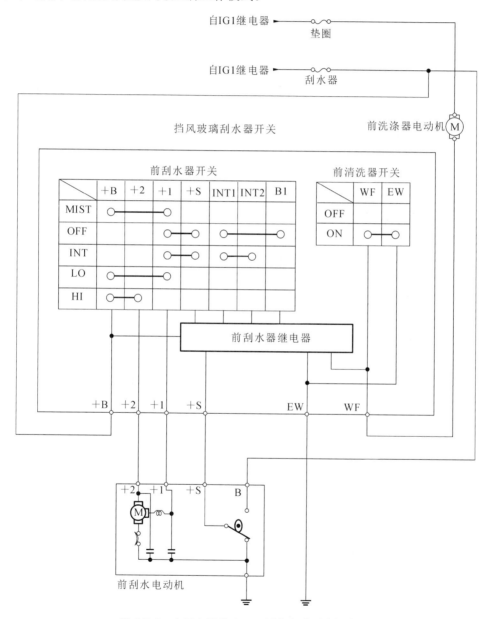

图 5-3-6　丰田卡罗拉 1.6 L 轿车电动刮水器电路

(1) 低速挡(LO):刮水电动机电流工作路径为,蓄电池正极→刮水器开关"+B"→刮水器开关"+1"→刮水电动机"+1"→刮水电动机→搭铁。

(2) 高速挡(HI):刮水电动机电流工作路径为,蓄电池正极→刮水器开关"+B"→刮水器开关"+2"→刮水电动机"+2"→刮水电动机→搭铁。

(3) 间歇挡(INT)：刮水电动机电流工作路径为，蓄电池正极→刮水器开关总成内刮水器继电器→前刮水器开关"+S"→前刮水器开关"+1"→刮水电动机"+1"→刮水电动机→搭铁。(刮水器开关总成内刮水器继电器间歇控制该电流通断，当刮水电动机工作时离开起始位置后即刮水电动机总成内回位开关"+S"与搭铁断开，并与"B"接通，此时刮水器继电器停止工作。而刮水电动机在自动复位装置下继续工作，直到回到起始位置停止，这时刮水器继电器延时一段时间后又重复刚才的控制过程。)

2) 丰田卡罗拉 1.6 L 轿车电动刮水器没有高速挡故障可能原因

根据电路原理图及故障现象分析，丰田卡罗拉 1.6 L 轿车电动刮水器没有高速挡故障可能原因有刮水器开关高速挡不能接通、刮水器开关高速挡至刮水电动机导线断路、刮水电动机本身损坏。

3) 电动刮水器没有高速挡故障检修

(1) 刮水器开关高速挡检测。

刮水器开关如图 5-3-7 所示，拆下方向盘下护板，拔下刮水器开关总成插头"E10"，将刮水器开关打到高速挡，用万用表电阻挡测量其"E10"插座上"+B"与"+2"引脚间的电阻。将刮水器开关打到高速挡时，万用表测量的电阻应该小于 1 Ω。

(2) 刮水器开关高速挡至刮水电动机导线检测。

用万用表电阻挡测量刮水器开关线带连接器 E10"+2"引脚至刮水电动机线束连接器插头中"+2"引脚间导线的电阻，正常值应小于 1 Ω。

(3) 刮水电动机检测。

用万用表电阻测量刮水电动机插座中"+2"与搭铁之间刮水电动机高速线圈的电阻，正常值应为 3 Ω 左右。图 5-3-8 所示为刮水电动机连接器。

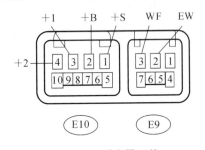

图 5-3-7　刮水器开关

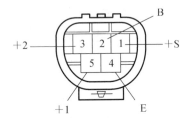

图 5-3-8　刮水电动机连接器

习题及思考题

(1) 简述电动刮水器的组成及其控制原理。

(2) 简述常见的电动刮水器故障及故障排除方法。

任务 5.4　电动车窗升降故障检修

学习目标

◎ 掌握汽车电动车窗的组成及控制原理。

◎ 掌握常见的汽车电动车窗故障及排除方法。

能力要求

◎ 能够对电动车窗进行电路分析及线路检测。
◎ 能够排除常见的汽车电动车窗故障。

任务导入

一辆丰田卡罗拉轿车的车主反映，该轿车右前乘客侧电动车窗开关不能控制车窗上升。

学习指引

为了能够对电动车窗故障进行检修和排除，我们需要掌握电动车窗的具体组成、控制原理、控制电路和常见的故障。

相关知识

目前，轿车普遍装有电动车窗。电动车窗可使驾驶员或乘客坐在座位上，利用开关操纵自动升降门窗玻璃，即使在行车过程中，也能安全方便地开、关门窗。

1. 电动车窗的组成和类型

电动车窗的组成：电动车窗由车窗、车窗玻璃升降器、电动机、继电器、开关等装置组成。

电动车窗的类型：常见的电动车窗玻璃升降器形式主要有绳轮式和叉臂式两种。图 5-4-1 所示为绳轮式玻璃升降器，图 5-4-2 所示为叉臂式玻璃升降器。另外，还有软轴式玻璃升降器。在我国引进的轿车中大部分采用绳轮式玻璃升降器，少部分采用叉臂式玻璃升降器和软轴式玻璃升降器。

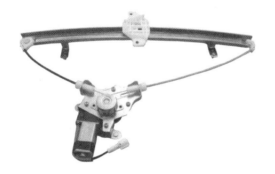
图 5-4-1 绳轮式玻璃升降器

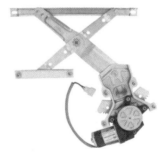
图 5-4-2 叉臂式玻璃升降器

2. 电动车窗的控制原理

每个电动车窗都装有一个电动机，这类电动机一般设计成能正反方向旋转，通过开关控制其旋转方向，使电动车窗玻璃上升或下降。一般电动车窗系统都装有两套控制开关，一套装在仪表板或驾驶员侧车门扶手上，为主开关，由驾驶员控制每个车窗的升降；另一套分别装在每一个乘客侧车门上，为分开关，可由乘客操纵。一般在主开关上还装有断路开关，如果它断开，分开关就不起作用，这种设计是为了提高乘客的安全性。电动车窗的控制原理如图 5-4-3 所示。

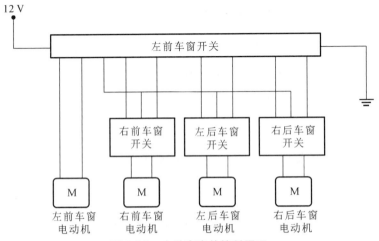

图 5-4-3 电动车窗的控制原理

电动车窗使用的电动机是双向的,有永磁型和双绕组串励型两种。永磁型直流电动机通过改变电枢的直流方向来改变电动机的旋转方向。

图 5-4-4 所示为电动车窗控制搭铁式控制电路,电动机为永磁型直流电动机。该电动机结构简单,开关和控制线路复杂一些,在实际中应用较广泛。

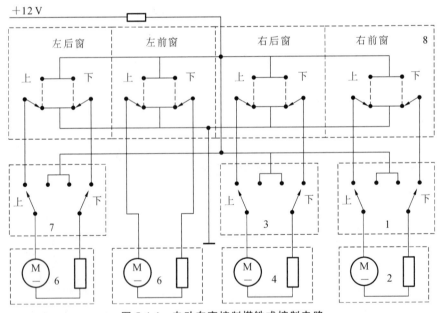

图 5-4-4 电动车窗控制搭铁式控制电路

3. 电动车窗的控制电路

电动车窗的控制电路可以实现手动控制和自动控制。手动控制是指按着相应的手动按钮,车窗可以上升或下降,若中途松开按钮,上升或下降即停止;自动控制是指按下自动按钮,松开手后车窗会一直上升至最高位置或下降至最低位置。图 5-4-5 所示为具有自动控制功能的电动车窗控制电路。

1) 手动控制

当把手动旋钮推向车辆前方时,门窗玻璃即上升。此时,触点①与 UP(向上)接点相连,

模块 5　车身电气系统检测与故障诊断

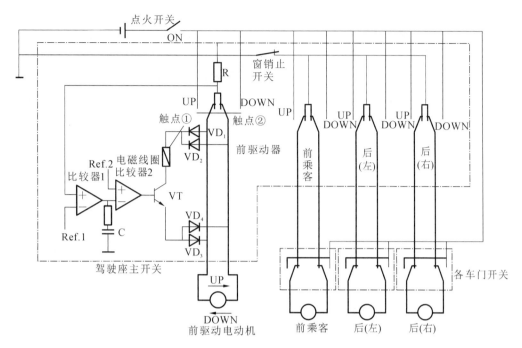

图 5-4-5　具有自动控制功能的电动车窗控制电路

触点②处于原来的状态,电动机按 UP 箭头方向通过电流,门窗玻璃上升且关闭;当把手离开旋钮时,利用其开关自身的回复力,此时开关回到中立位置。当把手动旋钮推向车辆后方时,触点①保持原位不动,而触点②则与 DOWN(向下)接点相连,电动机按 DOWN 箭头方向通过电流,电动机反转,以实现门窗向下移动,直至下降到底。

2)自动控制

当把自动旋钮推向车辆前方时,触点①与 UP 接点相连,电动机按 UP 箭头方向通过电流,门窗玻璃上升且关闭;与此同时,电阻 R 上的电压减小,此电压加于比较器的一端,将它与参考电压 Ref.1 进行比较。参考电压 Ref.1 的电压值设定为相当于电动机锁止时的电压,通常为比较器 1 的低电位端("-"端);而比较器 2 的参考电压 Ref.2 通常设定为小于比较器 1 的输出电位,且为高电位端("+"端)。因此,比较器 2 的输出为高电压,故使晶体管 VT 正向具有偏流而导通,电磁线圈通过较大的电流。其路径为:蓄电池正极→点火开关→UP→触点①→二极管 VD_1→电磁线圈→晶体管 VT→二极管 VD_4→触点②→电阻 R→搭铁→蓄电池负极。此电流产生较大的电磁力,吸引驱动器开关的柱塞,于是把止板向上顶压,越过止板凸缘的滑销,原来的位置被锁定,这样即使把手离开自动旋钮,开关仍会保持原来的状态。

当门窗玻璃上升至终点位置,在电动机上有锁止电流流动,电阻 R 上的压降增大,当此电压超过参考电压 Ref.1 时,比较器 1 的输出由低电位转变为高电位,电容器 C 开始充电;当电容器 C 两端电压上升甚至超过比较器 2 的参考电压 Ref.2 时,比较器 2 则输出低电位,晶体管 VT 立即截止,电磁线圈中的电流被切断,止板在滑锁内因弹簧的反力面被压下,自动旋钮自动恢复到中立位置,触点①搭铁,电动机停转,门窗玻璃自动下降的工作情况与上述情况相反,操作时只需将自动旋钮压向车辆后方即可。

4. 常见的电动车窗故障

常见的电动车窗故障有:所有车窗均不能升降、某车窗不能升降成只能向一个方向运动。

1)所有车窗均不能升降

(1)故障原因:熔断器断路;连接导线断路;有关继电器、开关损坏;电动机损坏;搭铁点锈蚀、松动。

(2)诊断步骤:首先检查熔断器是否断路,若熔断器良好,则应将点火开关接通,检查有关继电器、开关相连接线柱上的电压是否正常。若电压为零,应检查电源线路;若电压正常,则应检查搭铁线是否良好。搭铁不良时,应清洁、紧固搭铁线;若搭铁良好,应对继电器、开关和电动机进行检测。

2)某车窗不能升降或只能向一个方向运动

(1)故障原因:该车窗按键开关损坏;该车窗电动机损坏;连接导线断路;安全开关故障。

(2)诊断步骤:如果车窗不能升降,首先检查安全开关是否工作,该车窗的按键开关工作是否正常,再通电检查该车窗的电动机正反方向旋转是否稳定。若有故障,应检修或更换新件;若正常,则应检修连接导线。如果车窗只能向一个方向运动,一般是按键开关故障或部分线路断路或接错所致,可以先检查线路连接是否正常,再检修开关。

任务实施

1.任务实施准备

(1)场地要求:实训操作场地通风良好,各用电设备及危险位置具备安全提示。

(2)教学要求:根据工位数量将学生分组。

(3)操作准备:实训轿车、万用表、试电笔、维修手册、常用工具。

2.任务实施步骤

1)丰田卡罗拉1.6 L轿车电动车窗电路分析

图5-4-6所示为丰田卡罗拉1.6 L轿车电动车窗电路。

2)右前乘客侧电动车窗开关不能控制车窗上升故障原因分析

根据故障现象并结合电路原理图分析,造成右前乘客侧电动车窗开关不能控制车窗上升故障原因可能有:右前乘客侧电动车窗开关损坏,连到开关上的火线断路。如果其他位置有故障,则主控开关也不能控制该车窗的升降。

3)右前乘客侧电动车窗开关不能控制车窗上升故障检修

(1)检测右前乘客侧电动车窗开关供电火线(见图5-4-7)。

打开点火开关,测量电动车窗开关线束接头中3号脚与搭铁之间的电压,如电压为12 V(蓄电池电压),则说明该供电导线正常;反之则说明该供电导线断路。

(2)检测右前乘客侧电动车窗开关(见图5-4-8)。

①电动车窗开关静态检查。用万用表电阻挡分别测电动车窗开关的2号脚和1号脚、4号脚和5号脚的通断。

②检测电动车窗开关上升功能。按下电动车窗开关上升键,同时用万用表电阻挡测量电动车窗开关的3号脚与4号脚的通断。

③检测电动车窗开关下降功能。按下电动车窗开关下降键,同时用万用表电阻挡测量电动车窗开关的3号脚与1号脚的通断。如在以上三个检测过程中有不导通情况,则说明该电动车窗开关两引脚间的开关损坏。

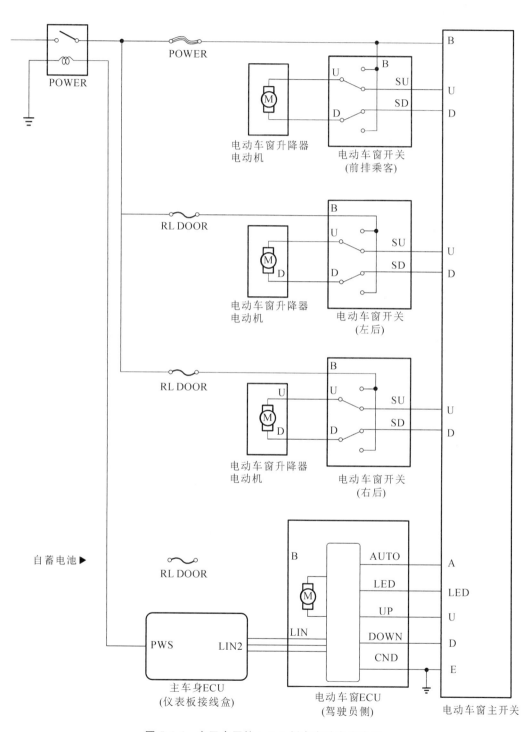

图 5-4-6 丰田卡罗拉 1.6 L 轿车电动车窗电路

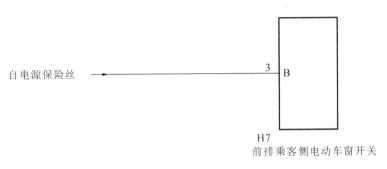

图 5-4-7 右前乘客侧电动车窗开关供电火线

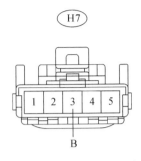

图 5-4-8 右前乘客侧电动车窗开关

习题及思考题

（1）简述电动车窗的组成及其控制原理。
（2）简述常见的电动车窗故障及故障排除方法。

任务 5.5 中控门锁系统故障检修

学习目标

◎ 掌握汽车中控门锁系统的组成及控制原理。
◎ 掌握常见的汽车中控门锁系统故障及故障排除方法。

能力要求

◎ 能够对汽车中控门锁系统进行电路分析及线路检测。
◎ 能够排除常见的汽车中控门锁系统故障。

任务导入

一辆丰田卡罗拉轿车的车主反映，驾驶自家车送小孩去上学，小孩坐在副驾驶座上，当家长把车开动后，便按下了汽车中控门锁开关，右后车门没有落锁，其他三个车门均已锁上。为了防止在汽车行驶过程中小孩擅自把车门打开，家长把小孩送到学校后，便驾车去 4S 店维修中控门锁。

学习指引

为了能够对汽车中控门锁系统故障进行检修和排除，我们需要掌握汽车中控门锁系统的具体组成、控制原理和常见的故障。

相关知识

为了使汽车的使用更加方便和安全，现代轿车多数都安装了中控门锁系统。

1. 中控门锁系统的功能和组成

中控门锁是中央控制车门锁的简称，它是通过设在驾驶员侧车门上的开关同时控制全车车门关闭与开启的一种控制装置。当配有中控门锁的汽车锁闭驾驶员侧车门时,其他车门也跟着锁闭。但当非驾驶员侧车门独自锁闭时,驾驶员侧车门和其他车门则不会跟着锁闭。中控门锁利用一个开关去控制其他开关,采用电磁驱动方式执行门锁的关闭与开启。中控门锁系统一般具有以下几个功能:

(1)中央控制:将按下驾驶员侧车门锁扣时,其他车门都能自动锁定;将拉起驾驶员侧车门锁扣时,其他车门都能同时打开;如用钥匙开门或锁门,也可实现以上动作。有些轿车还可以用遥控器进行门锁的控制。

(2)速度控制:当车速达到一定速度时,各个车门能自行锁上,防止乘客误操作车门把手而导致车门打开。

(3)单独控制:除了驾驶员侧车门,其他车门还设置单独的弹簧锁开关,可独立地控制相应车门的打开和锁住。

中控门锁系统一般由门锁控制开关、钥匙操纵开关、门锁总成、行李箱门锁及门锁控制器等组成。图 5-5-1 所示为典型的中控门锁系统零部件位置。

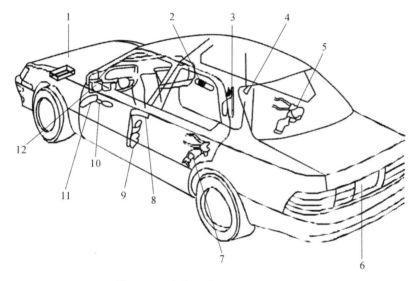

图 5-5-1 中控门锁系统零部件位置

1—2 号接线盒;2—右前门锁控制开关;3—右前门锁电动机及位置开关;4—右前门锁钥匙开关;
5—右后门锁电动机和位置开关;6—行李箱门锁;7—左后门锁电动机及位置开关;8—左前门锁钥匙开关;
9—左前门锁电动机及开关;10—左前门锁控制开关;11—1 号接线盒;12—门锁 ECU 及门锁继电器

2.中控门锁控制器

1)晶体管式门锁控制器

晶体管式门锁控制电路如图 5-5-2 所示。该门锁控制器内部有两个继电器,一个控制锁门,另一个控制开门。继电器由晶体管开关控制,它利用电容器的充放电过程控制一定的脉冲电流持续时间,使执行机构完成锁门和开门动作。

2)电容式门锁控制器

电容式门锁控制电路如图 5-5-3 所示。该门锁控制器利用电容充放电特性,使开锁或闭锁继电器线圈产生电磁力,接通执行机构电磁线圈,完成开锁或闭锁动作。将电容器充足电,工作时把它接入控制电路使电容器电路放电,使其中一个门锁继电器通电而短时间吸合。电容器完全放电后,通过继电器的电容中断而使其触点断开,门锁系统不再工作。

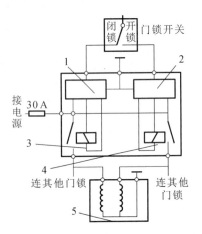

图 5-5-2　晶体管式门锁控制电路

1—门锁控制电路；2—开门控制电路；3—闭锁继电器；
4—开锁继电器；5—门锁执行机构(电磁式)

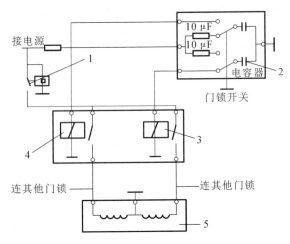

图 5-5-3　电容式门锁控制电路

1—热敏断路器；2—电容器；3—闭锁继电源；
4—闭锁继电器；5—电磁式门锁执行机构

3) 车速感应式门锁控制器

车速感应式门锁控制电路如图 5-5-4 所示。在中控门锁系统中加载 10 km/h 车速感应开关,当车速在 10 km/h 以上时,若车门未上锁,驾驶员不需动手,门锁控制器就自动将门上锁。如果个别车门要自行开门或锁门可分别操作。

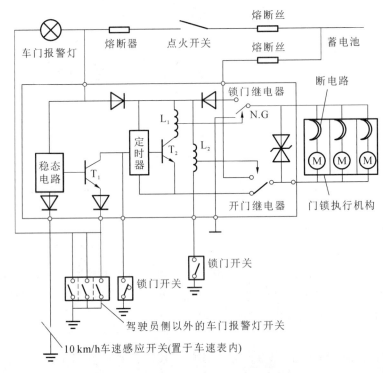

图 5-5-4　车速感应式门锁控制电路

当点火开关接通时,电流流经车门报警灯可使3个车门的报警灯开关(此时门未锁)搭铁,报警指示灯亮。若按下锁门开关,定时器使三极管 T_2 导通,在三极管 T_2 导通期间,锁定继电器线圈 L_1 通电,常开触点闭合,门锁执行机构通正向电流,执行锁门动作。当按下开锁开关,则开锁继电器线圈 L_2 通电,常开触点闭合,门锁执行机构通反向电流,执行开门动作。汽车行驶时,若车门未锁,且车速低于 10 km/h 时,置于车速表内的 10 km/h 车速感应开关闭合,此时稳态电路不向三极管 T_1 提供基极电流;当车速高于 10 km/h 时,10 km/h 车速感应开关断开,此时稳态电路向三极管 T_1 提供基极电流,T_1 导通,定时器触发端经 T_1 和车门报警灯开关搭铁,如同按下锁门开关一样,使车门锁定,从而保证行车安全。

3. 中控门锁开关

中控门锁控制器的工作状况是由中控门锁开关控制的。

1) 中控门锁开关

中控门锁开关安装在左前门和右前门的内侧扶手上,如图5-5-5所示,在车内控制全车车门的开启与关闭。

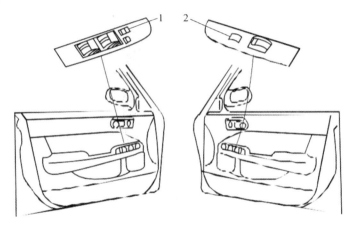

图 5-5-5 中控门锁开关

1—驾驶员侧门锁开关;2—乘客侧门锁开关

2) 车门钥匙控制开关

车门钥匙控制开关安装在左前门和右前门的外侧门锁上,如图5-5-6所示。当在车外面用车门钥匙开车门或锁车门时,车门钥匙控制开关便发出开门或锁门的信号并将该信号传给门锁控制ECU,实现车门打开或关闭。车门钥匙的功能是实现在车外面开车门或锁车门,同时车门钥匙也是点火开关、燃油箱、行李箱等全车设置锁的地方共用的钥匙。

3) 门控开关

门控开关用来检测车门的开闭情况。车门打开时,门控开关接通;车门关闭时,门控开关断开。图5-5-7所示为门控开关及其安装位置。

4. 中控门锁的执行机构

中控门锁的执行机构的作用是在外电路的控制下,使其通电极性发生改变,从而改变运动方向,带动门锁连杆机构完成开锁和闭锁动作。

直流电动机式中央门锁的结构如图5-5-8所示。在门锁总成中(装在车门侧),由锁杆控制门锁转动,从而决定门锁开/关状态。位置开关用于检测锁杆是否进行门锁开/关动作;门锁开关用于检测锁止机构是否进行门锁的开/关锁止;车门开关用于直接检测车门的开/关状态。此外,锁杆随着门锁电动机的通电,做正向或逆向旋转;或把钥匙插入钥匙孔中以手动方法进行操作,也可按动车厢内的门锁按钮进行多种门锁开/关的操作。

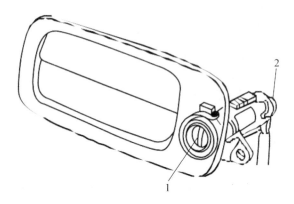
图 5-5-6　车门钥匙控制开关
1—车门钥匙孔;2—钥匙控制开关

图 5-5-7　门控开关及其安装位置

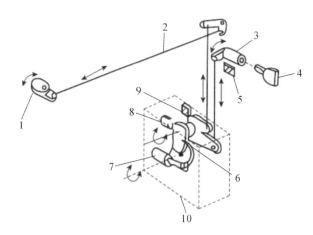
图 5-5-8　直流电动机式中央门锁的结构
1—门锁按钮(车厢内);2—连接杆;3—门钥匙筒体;4—钥匙;5—门钥匙开关;
6—锁杆;7—门锁电动机;8—位置开关;9—门锁开关;10—门锁总成

直流电动机式门锁执行器是通过改变直流电动机的旋转方向来实现车门的打开或关闭的。在轿车上,正副驾驶员侧车门上的门锁执行器与后面乘客侧车门上的门锁执行器在一般情况下不一样。正副驾驶员侧车门上的门锁执行器内既有直流电动机又有门锁控制开关,而后面乘客侧车门上的门锁执行器内只有直流电动机。

5.典型轿车中控门锁系统

1) 丰田卡罗拉轿车中控门锁系统控制原理

丰田卡罗拉轿车中控门锁系统如图 5-5-9 所示,乘客侧车门上的主开关和门控开关发送锁止/解锁请求信号至主车身 ECU(仪表板接线盒)。然后,主车身 ECU(仪表板接线盒)向每个门锁电动机发送这些请求信号,并对输入立即做出响应,锁止/解锁所有车门。使用机械钥匙操纵驾驶员侧车门锁,可向主车身 ECU(仪表板接线盒)发送锁止/解锁车门的请求信号。

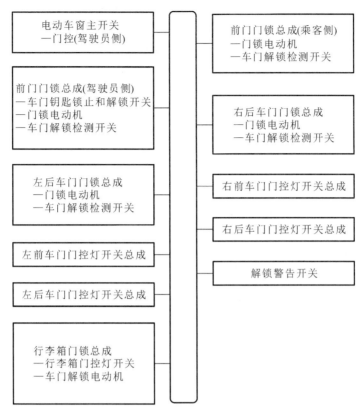

图 5-5-9　丰田卡罗拉轿车中控门锁系统

2) 丰田卡罗拉轿车中控门锁系统主要部件及其功能

丰田卡罗拉轿车中控门锁系统主要部件及其功能见表 5-5-1。

表 5-5-1　丰田卡罗拉轿车中控门锁系统主要部件及其功能

部件名称	功能
电动车窗主开关	主开关上的门控开关锁止/解锁所有车门
门控灯开关	位于各车门上,检测车门状态(打开或关闭),并向主车身 ECU(仪表板接线盒)输出数据。车门打开时接通,车门关闭时断开
驾驶员侧车门门锁	内置电动机锁止/解锁车门 内置门控开关(钥匙联动),检测车门钥匙操作的车门状态并向主车身 ECU(仪表板接线盒)输出数据 内置位置开关检测车门状态(锁止/解锁),向主车身 ECU(仪表板接线盒)输出数据。车门锁止时此开关关闭,车门解锁时此开关打开
乘客侧车门门锁、左后和右后车门门锁	内置电动机锁止/解锁车门 内置位置开关检测车门状态(锁止/解锁),并向主车身 ECU(仪表板接线盒)输出数据。车门锁止时此开关关闭,车门解锁时此开关打开

3) 丰田卡罗拉轿车中控门锁故障症状表

丰田卡罗拉轿车中控门锁故障症状见表 5-2-2。

在维修中控门锁故障时,可借助表 5-2-2 诊断故障原因,这样可减少在维修过程中查出故障原因的时间。以故障出现概率的大小顺序表示故障原因的可能性大小。按顺序检查可疑部位，必要时维修或更换有故障的零件。

表 5-5-2 丰田卡罗拉轿车中控门锁故障症状

故障现象	故障可能原因
主开关、驾驶员侧车门锁芯 不能操纵所有车门的锁止/解锁	前门门锁总成
	线束和连接器
	主开关总成
	主车身 ECU（仪表板接线盒）
仅驾驶员侧（前排乘客侧/左后/右后） 车门锁止/解锁不工作	门锁总成
	线束和连接器
	主车身 ECU（仪表板接线盒）
防止钥匙锁在车内的功能不工作	前门门控灯开关（前排驾驶员侧）
	解锁警告开关
	线束和连接器
	主车身 ECU（仪表板接线盒）

任务实施

1. 任务实施准备

(1) 场地要求：实训操作场地通风良好，各用电设备及危险位置具备安全提示。

(2) 教学要求：根据工位数量将学生分组。

(3) 操作准备：实训轿车、万用表、试电笔、维修手册、常用工具。

2. 任务实施步骤

1) 故障分析

(1) 故障现象：仅右后车门锁止/解锁不工作。

(2) 故障可能原因：通过查阅丰田卡罗拉轿车中控门锁故障症状表可知故障可能原因有右后车门门锁总成损坏，线束和连接器断路、接触不良等，主车身 ECU（仪表板接线盒）内控制该门锁的局部电路损坏。

2) 故障检测

(1) 拆除右后车门内饰、中控门锁总成、连接器等。

(2) 检测中控门锁总成。

①查阅中控门锁总成电路原理及相关技术资料。图 5-5-10 所示为丰田卡罗拉轿车中控门锁控制电路原理图。电路分析：中控门锁总成的 1 号脚和 4 号脚内为直流电动机，通过改变直流电动机工作电流的方向实现车门锁止和解锁。中控门锁总成的 7 号脚和 8 号脚内为门锁位置开关，车门锁止时此开关关闭，车门解锁时此开关打开。

②检测中控门锁总成内门锁位置开关。用十字起按压门锁"舌头"使中控门锁处于关门状态。用万用表测量中控门锁总成的 7 号脚和 8 号脚，并拉动中控门锁的锁止和解锁拉线，同时

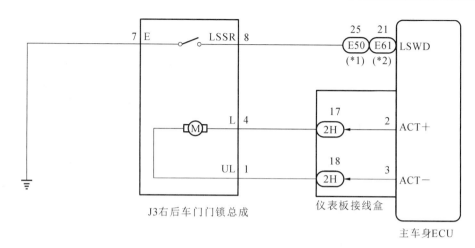

图 5-5-10　丰田卡罗拉轿车中控门锁控制电路原理图

观察万用表的读数。正常情况下车门锁止时此开关关闭,万用表电阻读数为无穷大,车门解锁时此开关打开,万用表电阻读数小于 1 Ω。通过检测数据可知中控门锁总成内门锁关开正常。

③测量中控门锁总成内直流电动机电阻。用万用表测量中控门锁总成插头 1 号脚和 4 号脚内的直流电动机电阻,正常情况下万用表电阻读数应为 5 Ω 至 8 Ω。若测量阻值为无穷大,说明该中控门锁内直流电动机断路。检修到此可以初步确定故障为中控门锁总成内直流电动机损坏,需要更换新的中控门锁总成。更换新的中控门锁总成以后,通电测试。如果功能恢复,则故障确定为中控门锁总成损坏。如故障依旧,则需对中控门锁电路进行检修。一般情况下,同一故障现象有两个以上的故障点的概率很小。

(3)检修中控门锁控制电路。

①查阅中控门锁控制电路原理图。电路分析:右后车门门锁总成线束连接器 J3 中 7 号脚为搭铁,8 号脚与主车身 ECU 连接器 E61 中的 21 号脚连接,此条导线为门锁位置开关的信号线。右后车门门锁总成线束连接器 1 号脚和 4 号脚分别连接到主车身 ECU 连接器 2H 中的 18 号脚和 17 号脚,这两条导线为直流电动机的工作电源线,这两条导线上的正负极是可以改变的。右后车门门锁总成线束连接器 J3、主车身 ECU 连接器 2H、主车身 ECU 连接器 E61 如图 5-5-11 所示。

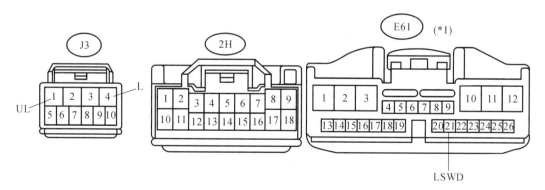

图 5-5-11　连接器 J3、2H、E61 示意图

②测量右后车门通断。万用表红表笔经测试线连接到门锁总成线束连接器 J3 中 7 号脚,万用表黑表笔连接到车门金属螺丝上。正常情况下万用表电阻读数应小于 1 Ω。此次测量结

果为1.2 Ω,属于正常,这是因为万用表两表笔短路时有0.7 Ω的电阻。

③测量右后车门门锁总成线束连接器 J3 中 7 号脚至主车身 ECU 连接器 E61 中的 21 号脚导线通断及搭铁情况。万用表红表笔经测试线连接到门锁总成线束连接器 J3 中 8 号脚,万用表黑表笔经测试线连接主车身 ECU 连接器 E61 中的 21 号脚。正常情况下万用表电阻读数应小于 1 Ω。此次测量结果为 0.6 Ω。同时将万用表其中一个表笔拿出来连接到车门金属螺丝上,正常情况下若万用表电阻读数为无穷大,则说明此条导线没有搭铁。

④测量右后车门门锁总成线束连接器 J3 中 1 号脚至主车身 ECU 连接器 2H 中的 18 号脚导线通断及搭铁情况。万用表红表笔经测试线连接到门锁总成线束连接器 J3 中 1 号脚,万用表黑表笔经测试线连接主车身 ECU 连接器 2H 中的 18 号脚。正常情况下万用表电阻读数应小于 1 Ω。此次测量结果为 0.4 Ω。同时将万用表其中一个表笔拿出来连接到车门金属螺丝上,正常情况下若万用表电阻读数为无穷大,则说明此条导线没有搭铁。

⑤测量右后车门门锁总成线束连接器 J3 中 4 号脚至主车身 ECU 连接器 2H 中的 17 号脚导线通断及搭铁情况。万用表红表笔经测试线连接到门锁总成线束连接器 J3 中 4 号脚,万用表黑表笔经测试线连接主车身 ECU 连接器 2H 中的 17 号脚。正常情况下万用表电阻读数应小于 1 Ω。此次测量结果为 0.5 Ω。同时将万用表其中一个表笔拿出来连接到车门金属螺丝上,正常情况下若万用表电阻读数为无穷大,则说明此条导线没有搭铁。

3) 拆卸件装复

按照安装及拆卸的反步骤安装车门中控门锁总成及车门内饰等相关部件,并连接好各线束连接器。

习题及思考题

(1) 简述汽车中控门锁系统的组成及控制原理。

(2) 简述常见的汽车中控门锁故障及故障排除方法。

模块 6　汽车空调系统

任务 6.1　汽车空调系统结构与工作原理

学习目标

◎ 掌握汽车空调制冷和取暖系统的构造、工作原理。
◎ 掌握汽车空调控制系统的构造、工作原理。

能力要求

◎ 能够正确分析制冷剂在汽车空调系统中的工作流向。
◎ 能够清楚汽车空调制冷系统各部件中制冷剂的状态、温度及压力情况。
◎ 能够了解普通和自动空调的电气控制过程。
◎ 能够对空调压缩机进行拆装与检修。

任务导入

一辆桑塔纳 2000 型轿车在炎热的夏季行驶,空调压缩机的电磁离合器线圈突然被烧毁,更换电磁离合器线圈后,仅行驶了 1 500 km 左右,电磁离合器线圈又被烧毁。在低压侧排放适量制冷剂后,故障排除,汽车空调制冷系统恢复正常。

学习指引

为了能够对空调压缩机总成进行拆装、检修、故障排除,我们需要掌握汽车空调系统的具体组成、构造和工作原理。

相关知识

1. 汽车空调系统基本结构

1) 汽车空调制冷系统基本结构

汽车空调制冷系统主要由压缩机、蒸发器、冷凝器、节流装置、冷凝风扇、鼓风机、干燥器等组成,如图 6-1-1 所示。

2) 汽车空调取暖系统基本结构

汽车空调取暖系统用加热器引进发动机冷却水,水道设置热水阀,该阀受控于驾驶员或电脑的指令。当热水阀开启时,较热发动机冷却水流经加热器,使加热器升温。鼓风机带动空气流过加热器,从加热器出来的空气是热空气,如图 6-1-2 所示。

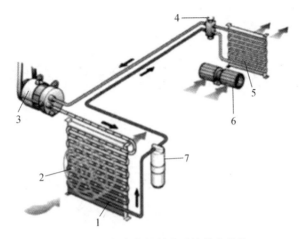

图 6-1-1 汽车空调制冷系统基本结构

1—冷凝器；2—冷凝风扇；3—压缩机；4—节流装置；5—蒸发器；6—鼓风机；7—干燥器

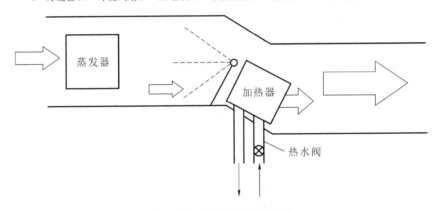

图 6-1-2 汽车空调取暖系统

2. 汽车空调制冷系统

汽车空调制冷系统的工作原理(见图 6-1-3)是：压缩机将来自蒸发器中低温低压制冷剂气体压缩为高温高压制冷剂气体，上述制冷剂气体进入冷凝器中，冷凝器将其冷凝为中温高压制冷剂液体，上述制冷剂液体流经贮液干燥器，按制冷负荷的需求，贮液干燥器将多余的制冷剂液体储存，经干燥后，制冷剂液体在膨胀阀(由感温包制冷剂状态决定阀口大小)节流降压，形成雾滴状制冷剂，雾滴状制冷剂在蒸发器中大量蒸发、吸热，使蒸发器外表面温度下降(鼓风机带动空气流过蒸发器，这些空气将大部分热量传递到蒸发器而变为冷空气，再被送至车内)，制冷剂吸热后在压缩机进气口的负压作用下，被吸进压缩机气缸，制冷剂进行下一循环过程，而在鼓风机出风口处可连续得到冷空气。

汽车空调制冷系统的制冷部件主要有压缩机、冷凝器、贮液干燥器与安全保护装置、膨胀阀(或节流孔管)、蒸发器等，下面分别介绍其结构及原理。

1) 压缩机

汽车空调制冷系统中的压缩机安装在发动机前部，由发动机上的驱动轮经驱动带驱动旋转。压缩机是制冷系统的动力源，其功用是驱动制冷剂循环流动，将低温(约 0 ℃)低压(约 150 kPa)制冷剂气体压缩成高温(约 65 ℃)高压(约 1 300 kPa)制冷剂气体。图 6-1-4 所示为空调压缩机工作原理示意图。

在压缩机结构中,电磁离合器的功用是根据需要接通或切断发动机与压缩机之间的动力传递。电磁离合器是汽车空调系统中最重要的部件之一,受空调开关、温度控制器和压力开关等部件的控制。电磁离合器一般安装在压缩机前端,是压缩机总成的一部分,主要由压缩机驱动前盖、电磁线圈电极引线、电磁线圈、驱动皮带轮、压盘、片簧、压盘轮毂、滚珠轴承、压缩机轴等零部件组成。电磁离合器的结构及原理如图6-1-5所示。

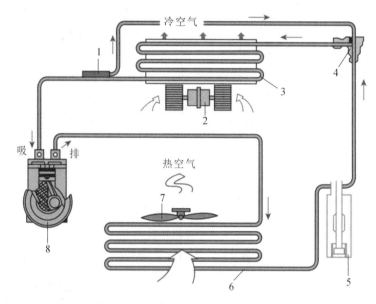

图 6-1-3　汽车空调制冷系统的工作原理
1—感温包;2—鼓风机;3—蒸发器;4—膨胀阀;5—干燥过滤器;6—冷凝器;7—发动机冷却风扇;8—压缩机

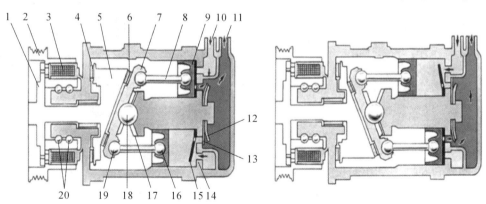

图 6-1-4　空调压缩机工作原理示意图
1—压盘;2—驱动皮带轮;3—电磁线圈;4,6—推力轴承;5—斜盘;7—行星盘;8—连杆;9—活塞;
10—吸气接头;11—排气接头;12—阀片限位板;13—排气阀片;14—阀板;15—吸气阀片;
16,19—球形万向节;17—固定锥齿轮;18—定位钢球;20—滚珠轴承

2)冷凝器

冷凝器的功用是将空调压缩机送来的高温高压制冷剂气体中的热量散发到车外,使制冷剂气体冷凝为液体,再将该液体送入贮液干燥器。

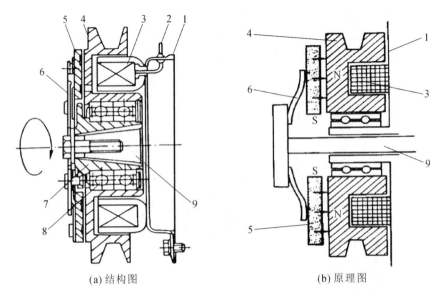

(a) 结构图　　　　　　　　(b) 原理图

图 6-1-5　电磁离合器的结构及原理

1—压缩机驱动端盖；2—电磁线圈电极引线；3—电磁线圈；4—驱动皮带轮；5—压盘；
6—片簧；7—压盘轮毂；8—滚珠轴承；9—压缩机轴

冷凝器是一种由铜管（或铝管）与散热片（铝片和铁片）组成的热交换器。制冷剂在铜管（或铝管）中流动，散热片套装焊接在管的周围以便散热。图 6-1-6 所示为管片式冷凝器。

3）贮液干燥器与安全保护装置

（1）贮液干燥器。

贮液干燥器又称为贮液器，安装在冷凝器与膨胀阀之间，其功用是临时储存制冷剂，保证制冷循环连续稳定地进行；吸收制冷剂中的水分防止制冷系统发生冰堵。图 6-1-7 所示为桑塔纳 2000 系列轿车贮液干燥器的结构。

（2）安全保护装置。

①压力开关。压力开关又称为制冷系统的压力继电器，安装在制冷系统的高压管上（一般安装在贮液干燥器上），其功用是当制冷系统工作异常（过高或过低）时，自动

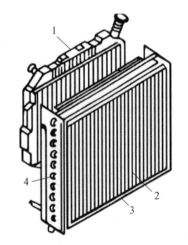

图 6-1-6　管片式冷凝器

1—散热器；2—散热片；3—冷凝器；4—芯管

切断电磁离合器线圈电路，使压缩机停止运转或接通冷凝风扇高速挡使冷凝风扇高速运转，从而防止因制冷系统压力过高或过低压缩机和制冷部件受损。压力开关分为高压开关、低压开关和高低压双向复合开关三种。高压开关又分为触点常闭型高压开关和触点常开型高压开关两种。高、低压开关的结构与外形大同小异，图 6-1-8 所示为触点常闭型高压开关和低压开关的结构及外形。

②易熔塞。易熔塞是一个设有通孔的螺塞，孔内填充有易熔材料，易熔塞借助螺塞的螺纹安装在贮液干燥器上。易熔塞的功用是当贮液干燥器内部制冷剂温度达到一定值（一般为 105 ℃左右）时，易熔材料熔化，制冷剂通过易熔塞散发到大气中，以防止部件在高温高压下损坏。

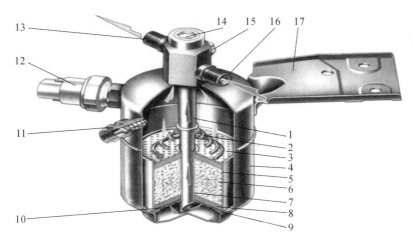

图 6-1-7 桑塔纳 2000 系列轿车贮液干燥器的结构

1—输液管；2—锥形弹簧；3—多孔盖板；4—贮液罐罐体；5—底部多孔杯壳；6—干燥剂；7—连接管；
8—过滤布；9—橡胶垫圈；10—滤网；11—制冷剂充注阀；12—高低压力开关；13—制冷剂出口接头（通往膨胀阀）；
14—观察孔；15—易熔塞；16—制冷剂进口接头（来自冷凝器）；17—安装支架

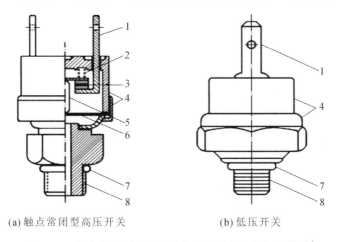

(a) 触点常闭型高压开关　　　　(b) 低压开关

图 6-1-8　触点常闭型高压开关和低压开关的结构及外形

1—接线栖片；2—复位弹簧；3—触点；4—壳体；5—推杆；6—膜片；7—"O"形密封圈；
8—螺纹安装接头（与制冷系统高压管路相连）

③冷却液过热开关。冷却液过热开关又称为水温开关，其功用是防止在发动机过热的情况下使用空调。冷却液过热开关一般安装在发动机散热器或冷却液管路上，以便监测发动机冷却液温度。

4）膨胀阀

膨胀阀的功用：一是节流降压，即对来自贮液干燥器的制冷剂进行节流降压，保证制冷剂在蒸发器内吸热，以降低车内温度；二是调节流量，即调节制冷剂流入蒸发器的流量，使制冷剂流量适应制冷负荷变化的需求，避免压缩机出现液击现象以及因蒸发器蒸发不足而出现冷气不足现象。图 6-1-9 所示为 H 形膨胀阀的结构示意图。

5）蒸发器

蒸发器安装在膨胀阀高压管道出口与低压管道入口之间，其功用是产生冷气、降温除湿。

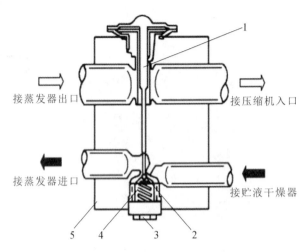

图 6-1-9　H 形膨胀阀的结构示意图
1—感温元件；2—球阀；3—调节螺栓；4—预紧弹簧；5—阀体

3.汽车空调取暖系统

1）汽车空调取暖系统的类型

按热源不同,常见的汽车空调取暖系统可分为两种类型:余热式取暖系统与独立式取暖系统。

余热式取暖系统是利用发动机冷却水对车内空气进行加热的。车内空间小,取暖需要的热量也少,所以一般都使用余热水暖式取暖系统。该系统的优点是设备简单、使用安全、运行经济;缺点是热量少,且取暖受发动机工况的影响。

独立式取暖系统是利用独立的热源对车内空气或送入车内的外部新鲜空气加热。独立式取暖系统的热源通常是燃烧汽油、柴油或煤油的燃烧器。独立式取暖系统也可分独立水暖式取暖系统和独立气暖式取暖系统两种。大型客车常常采用独立式取暖系统。独立式取暖系统的优点是取暖不受发动机工况的影响,发动机不工作时也可对车内供热。独立式取暖系统通常将空气或水作为传热介质。

2）余热水暖式取暖系统

(1) 工作原理。

余热水暖式取暖系统如图 6-1-10 所示。发动机冷却水温度达到 80 ℃时,冷却系中的节温器主阀门开启,使冷却水进行大循环。节温器和加热器之间装有一个热水阀,需要取暖时,打开该热水阀。从发动机水套出来的热水流经节温器主阀门后,一部分流到取暖系统的加热器,另一部分流到散热器。进入加热器的热水向加热器周围的空气传热,在鼓风机作用下,车内或外部新鲜空气经过加热器后变成热空气,热空气经通风管道的不同出风口被送入车内。从加热器流出的冷却水由水泵吸入发动机的水套内,完成一次取暖循环。

(2) 主要部件。

①暖风机总成。暖风机总成是加热器和鼓风机的集合体。余热水暖式取暖系统中装用的暖风机分为两种:单独暖风机和整体空调器。单独暖风机如图 6-1-11 所示。整体空调器将取暖系统加热器与制冷系统蒸发器装在一个壳体内,共用一台鼓风机,两者用阀门隔开。整体空调器如图 6-1-12 所示。

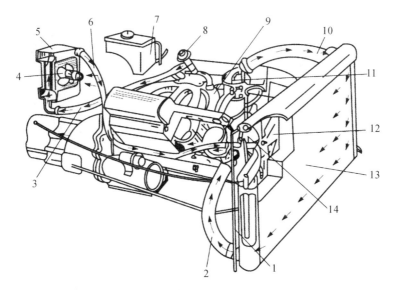

图 6-1-10 余热水暖式取暖系统

1—溢流管；2—回液管；3—加热器进水管；4—风扇；5—加热器芯；6—加热器出水管；
7—副水箱；8—热水开关；9—发动机；10—出液管；11—节温器；12—风扇；13—散热器；14—水泵

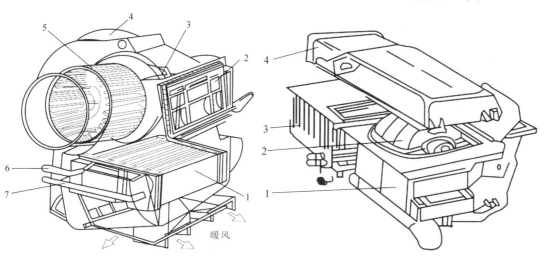

图 6-1-11 单独暖风机

1—加热芯；2—阀门；3—风机；4—外壳；
5—叶轮；6—进水管；7—出水管

图 6-1-12 整体空调器

1—加热芯；2—风机；3—蒸发器；4—进风口

②热水阀。热水阀安装在发动机与加热器之间的进水管中，用来控制加热器的热水通道。根据控制方式不同，热水阀分为拉绳控制阀和真空控制阀两种。拉绳控制阀可用在手动空调系统中，由驾驶员通过温度选择开关来拉动拉绳，使热水阀开启或关闭，如图 6-1-13 所示。真空控制阀可用在自动空调系统中，也可用在手动空调系统中。真空控制阀如图 6-1-14 所示。真空控制阀中真空驱动器的膜片左侧气室通大气，右侧气室为真空室，真空室装有膜片回位弹簧；需要取暖时，将真空引至膜片右侧气室，在压差作用下，膜片克服弹簧力并带动活塞向右移动，热水阀开启；停止取暖时，释放膜片右侧气室真空，在回位弹簧作用下，膜片和活塞回位，热水阀关闭。真空源可由发动机进气管或真空罐提供。

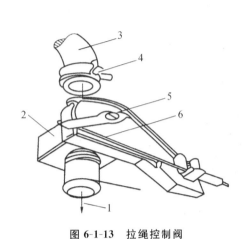
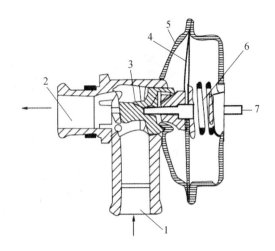

图 6-1-13　拉绳控制阀
1—流向加热器；2—控制器；3—进水管；
4—管夹；5—弹簧支架；6—拉绳

图 6-1-14　真空控制阀
1—发动机冷却液接口；2—加热器接口；
3—活塞；4—膜片；5—大气孔；6—弹簧；7—真空接口

4. 汽车空调控制系统

为了保证汽车空调系统安全、可靠地工作，需要对其工作状况进行必要的调节和控制，以便达到车内乘客要求的温度与湿度条件。

空调控制系统主要由蒸发器温度控制器、鼓风机、电磁离合器、控制开关（空调 A/C 开关、鼓风机风量开关、高压保护开关、低压保护开关、通风方向控制开关、温度调节开关）、控制阀和继电器等组成。

1) 蒸发器温度控制器

蒸发器温度控制器简称温控器，又称为恒温器。为了充分发挥蒸发器的最大冷却作用，同时防止蒸发器表面的冷凝水（即除湿水）因结冰、结霜而堵塞蒸发器换热片之间的空气通道，蒸发器表面的温度应当控制在 1～4 ℃ 范围内。

温控器的作用是根据蒸发器表面温度的高低，接通或切断空调压缩机电磁离合器线圈电路，使蒸发器表面温度保持在规定的（一般为 1～4 ℃）范围内。

常用的温控器有波纹管式和热敏电阻式两种形式。

(1) 波纹管式温控器。

波纹管式温控器又称为压力式温控器，如图 6-1-15 所示，主要由蓄电池、空调电磁离合器线圈、弹簧、感温管、波纹伸缩管、凸轮轴、温度调节凸轮、调整螺钉、触点 K、接线插头等组成。在感温管内充有制冷剂饱和液体，感温管一端与温控器内的波纹伸缩管相连，另一端插入蒸发器吸热片内 20～25 cm。

当蒸发器温度较高时，其吸热片内的感温管的温度相应较高，因此感温管内部制冷剂液体膨胀，压力相应较高使波纹伸缩管伸长，推动传动杠杆放大机构使触点 K 闭合，接通电磁离合器线圈电路使压缩机运转制冷，蒸发器温度开始下降，感温管温度随之下降，其内部制冷剂压力下降使波纹伸缩管逐渐收缩。

当蒸发器温度下降到某设定值（一般为 1 ℃）时，波纹伸缩管的收缩量通过传动杠杆放大机构使触点 K 断开，电磁离合器线圈切断，压缩机停止运转，制冷系统停止制冷，因此蒸发器

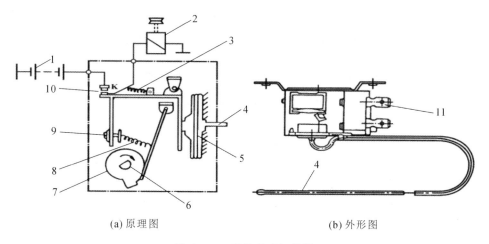

(a) 原理图　　　　　　　　　(b) 外形图

图 6-1-15　波纹管式温控器

1—蓄电池；2—空调电磁离合器线圈；3,8—弹簧；4—感温管；5—波纹伸缩管；6—凸轮轴；
7—温度调节凸轮；9—调整螺钉；10—触点 K；11—接线插头

温度开始上升。

当蒸发器温度升高到设定温度的上限值（一般为 4 ℃）时，温控器触点 K 再次闭合，压缩机重新运转制冷，蒸发器温度降低。温控器和制冷系统如此循环工作，便可使蒸发器温度控制在设定的温度范围内。

在使用过程中，转动温度调节凸轮可以改变弹簧的预紧力，从而改变蒸发器的温度调节范围。

（2）热敏电阻式温控器。

热敏电阻式温控器又称为电子控制式温控器，由热敏电阻式温度传感器、电子放大电路、电磁离合器、继电器等组成。这种温控器具有反应迅速、控制精度高等优点。图 6-1-16 所示为某中型客车空调系统用电子温控器电路原理图。

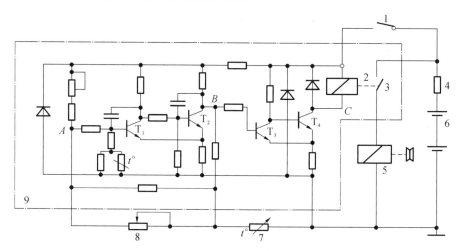

图 6-1-16　某中型客车空调系统用电子温控器电路原理图

1—点火开关；2—继电器磁化绕圈；3—继电器触点；4—熔断丝；5—压缩机电磁离合器线圈；
6—蓄电池；7—热敏电阻；8—温度调节电位器；9—电子式温控器

热敏电阻式温度传感器使用具有负温度特性的热敏电阻。热敏电阻安装在蒸发器空气出口一侧，以便感测蒸发器出口冷气的温度。温控器的设定温度由温度调节电位器设定，触点常开型继电器由三极管 T_4 控制，继电器触点 K 串联在压缩机电磁离合器线圈中。当蒸发器温度高于设定温度时，热敏电阻较小，温控器电路中 B 点电位较低，三极管 T_3 截止，三极管 T_4 导通，继电器磁化线圈通电，产生的电磁吸力将继电器触点吸闭，接通电磁离合器线圈电路，使压缩机运转制冷，蒸发器温度开始下降。

当蒸发器温度下降到设定温度的下限值时，热敏电阻增大，B 点电位升高，三极管 T_3 导通，三极管 T_4 截止，继电器磁化线圈电路切断、触点断开，使电磁离合器线圈电路切断，压缩机停止运转，蒸发器温度开始升高。当蒸发器温度升高到设定温度的上限值时，温控器又会使压缩机运转制冷，蒸发器温度将再次下降，如此循环工作，可使蒸发器温度控制在设定的温度范围内。

2）汽车空调系统控制电路

汽车空调系统控制电路是为了保证汽车空调系统各装置相互协调地工作，以及正确完成汽车空调系统的各种控制功能和各项操作而设置的。由于不同车型空调系统的功能和制冷部件的类型不尽相同，因此空调系统控制电路也有所不同。

（1）汽车空调系统基本控制电路。

汽车空调系统基本控制电路一般包括电源电路、鼓风机控制电路和电磁离合器控制电路，如图 6-1-17 所示。其工作过程如下：

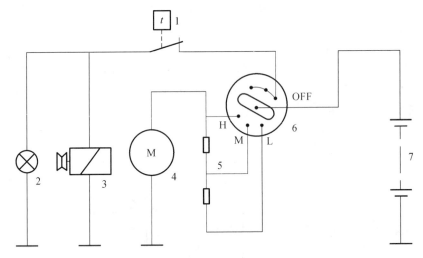

图 6-1-17 汽车空调系统基本控制电路

1—温控器；2—空调指示灯；3—电磁离合器；4—鼓风电动机；5—鼓风机调速电阻；6—空调及鼓风机开关；7—蓄电池

接通空调及鼓风机开关，电流从蓄电池流经空调及鼓风机开关后分为两条电路：一条电路经温控器至电磁离合器，使电磁离合器线圈通电，发动机带动压缩机运转制冷，与此同时，与电磁离合器线圈并联的压缩机工作指示灯通电发亮；另一条电路从开关的低速挡端子"L"经两个鼓风机调速电阻到鼓风电动机，这时鼓风电动机开始运转，由于电流通过两个电阻才到达鼓风电动机，因此此时电动机转速最小。

转动空调及鼓风机开关使其接通中速挡端子"M"时，温控器与电磁离合器线圈电路不变，到达鼓风电动机的电流只经过一个鼓风机调速电阻，因此此时电动机转速增大。

如果继续沿顺时针方向转动空调及鼓风机开关使其接通高速挡端子"H"时,温控器与电磁离合器线圈电路仍然不变。电流不经任何电阻直接流过鼓风电动机,因此此时电动机转速最大,冷气供应量最大。

当车内温度高于设定温度时,温控器触点处于闭合状态。当空调工作使车内温度低于设定温度时,温控器触点断开,电磁离合器线圈断电,压缩机停止工作,指示灯熄灭,这时鼓风机仍在工作。空调停止工作后,车内温度升高,当车内温度高于设定温度时,温控器触点再次闭合,电流通过电磁离合器线圈使压缩机再次运转制冷,从而将车内温度控制在设定温度范围内。

（2）空调系统控制电路实例。

下面以桑塔纳轿车空调系统控制电路为例来分析空调系统控制电路的控制过程。

桑塔纳轿车空调系统控制电路由电源电路、电磁离合器控制电路、鼓风机控制电路和冷凝风扇电动机控制电路组成,如图 6-1-18 所示。其控制过程如下：

点火开关处于断开（OFF）位置时,减荷继电器线圈电路切断,触点断开,空调系统不工作。

点火开关处于启动（ST）位置时,减荷继电器线圈电路切断,触点断开,中断空调系统的工作,保证发动机启动时,蓄电池有足够的电能来启动发动机。

点火开关处于接通（ON）位置时,减荷继电器线圈电路接通,触点闭合,空调继电器线圈 J_2 通电。接通鼓风机电路,此时可由鼓风机开关进行调速,使鼓风机按要求的转速运转,进行

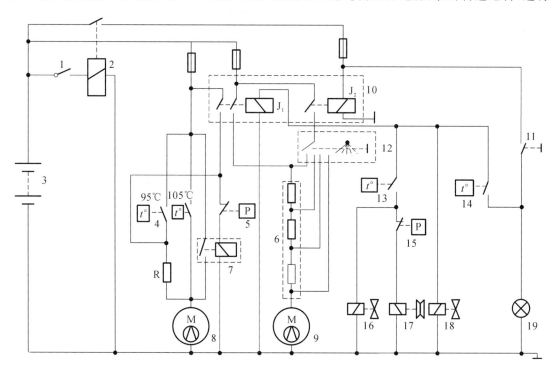

图 6-1-18 桑塔纳轿车空调系统控制电路

1—点火开关；2—减荷继电器；3—蓄电池；4—冷却液温控开关；5—高压保护开关；6—鼓风机调速电阻；
7—冷却风扇继电器；8—冷却风扇电动机；9—鼓风机；10—空调继电器；11—空调开关；
12—鼓风机开关；13—蒸发器温控开关；14—环境温度开关；15—低压保护开关；
16—怠速提升真空转换阀；17—电磁离合器；18—新鲜空气翻板电磁阀；19—空调开关指示灯

强制通风、换气或送出暖风。

当外界气温高于10 ℃时,环境温度开关接通。当需要制冷系统工作时,接通空调开关,空调开关指示灯发亮,表示空调开关已经接通。此时,电源经空调开关、环境温度开关接通以下电路:

①接通新鲜空气翻板电磁阀电路,该电磁阀动作,然后接通新鲜空气翻板,关闭外循环,鼓风机将通过蒸发器的空气,进行强制通风,使制冷后的空气进入车内循环。

②经蒸发器温控开关、低压保护开关对电磁离合器线圈供电,同时电源还经蒸发器温控开关接通化油器的怠速提升真空转换阀,增大发动机的转速,以满足空调所需动力的要求,防止发动机因转速减小而熄火。

③对空调继电器中的线圈 J_1 供电,使两对触点同时闭合,其中一对触点接通冷凝器冷却风扇继电器线圈电路;另一对触点接通鼓风机电路。

低压保护开关串联在蒸发器温控开关和电磁离合器之间,当制冷系统缺少制冷剂导致制冷系统压力过低时,低压保护开关断开使压缩机停止工作。

高压保护开关串联在冷却风扇继电器和空调继电器 J_1 的触点之间,当制冷剂压力正常时,高压保护开关触点断开。电阻 R 串入冷却风扇电动机电路中,使冷却风扇电动机低速运转。当制冷剂压力超过规定值时。高压保护开关触点闭合,接通冷却风扇继电器线圈电路,冷却风扇继电器的触点闭合,电阻 R 被短路,冷却风扇电动机将高速运转,以提高冷凝器的冷却能力。

冷却风扇电动机由空调冷凝器与发动机散热器共用,因此还直接受发动机冷却液温控开关控制,当空调开关尚未接通时,若发动机冷却液温度低于 95 ℃,则冷却风扇电动机因电路不通不转动。当发动机冷却液温度高于 95 ℃时,冷却风扇电动机低速转动,以防止发动机过热;当冷却温度达到 105 ℃时,冷凝器温控开关的高温(105 ℃)触点闭合,电阻 R 被短路,则冷却风扇电动机将高速运转,以提高发动机散热器的散热能力。

当空调开关接通时,空调继电器 J_1 右边的一个触点就会闭合,鼓风机只能低速运转以防止蒸发器表面因温度过低而结冰或冻坏。因此,使用空调时应在接通空调开关之前,首先接通鼓风机开关,使较多空气流通。

5. 电控自动空调系统的组成和工作原理

电控自动空调系统的组成如图 6-1-19 所示,电控自动空调系统主要由通风、取暖、制冷、空气净化、操作和控制等系统组成。电控自动空调系统是在手动控制空调系统的基础上,增加了电控系统(电控系统由传感器、ECU 和执行元件等组成);而操作系统与送风系统是在手动控制空调系统的基础上增加了各种伺服电动机。

电控自动空调系统主要包括温度控制、鼓风机转速控制、气流方式控制、进气模式控制、压缩机控制等项目。

1) 温度控制

温度控制的目的是使车内空气温度达到车内人员设定温度的要求,并保持稳定。电控自动空调系统的温度控制系统包括车内温度传感器、车外温度传感器、太阳能传感器、蒸发器温度传感器、水温传感器、自动空调控制 ECU 和空气混合伺服电动机总成等。

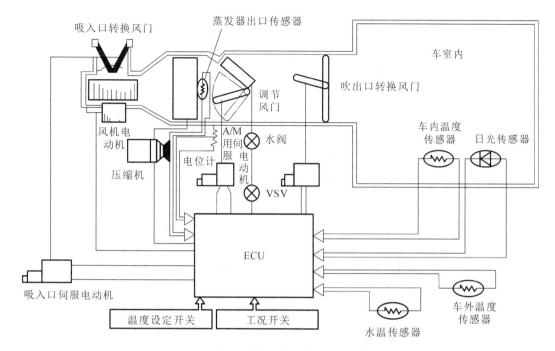

图 6-1-19 电控自动空调系统的组成

自动空调控制 ECU 根据设定温度和车内温度传感器、车外温度传感器及太阳能传感器等信号,自动调节混合门的位置。一般来说,车内外温度越高,阳光越强,混合门就越接近"全冷"位置,自动空调控制 ECU 根据车内外温度控制空气混合门的位置。

2) 鼓风机转速控制

鼓风机转速控制的目的是调节降温或升温速度,稳定车内温度。鼓风机转速控制系统的控制电路如图 6-1-20 所示。

(1) 自动控制。

当按下"AUTO"键时,驾驶员用"TEMP"开关设定想要的温度,空调 ECU 根据输入信号(车内温度传感器、车外温度传感器和太阳能传感器)和设定温度,自动调整风机转速,若水温传感器检测到水温低于 40 ℃,则空调 ECU 使风机停止工作。

(2) 手动模式控制。

①低速运转。当按下"LO"(低速)键时,空调 ECU 的端子 1 和端子 2 导通,1 号继电器吸合,电流流经电动机及电阻 R_1 后搭铁,风机电动机低速旋转。

②中速运转。当按下"MED"(中速)键时,空调 ECU 的端子 1 和端子 2 导通,1 号继电器吸合,同时空调 ECU 的端子 4 间歇性地向功率管端子 4(基极)输入控制电流,使 Tr_1 和 Tr_2 间歇性导通,这样,风机控制电流流经电动机后可以间歇性地经功率管端子 2 和端子 3 搭铁。风机转速取决于功率管的导通时间。

③高速运转。当按下"HI"(高速)键时,空调 ECU 的端子 5 和端子 2 导通,2 号继电器吸合,风机控制电流流经电动机和 2 号继电器触点后搭铁,电动机高速旋转。

3) 气流方式控制

气流方式控制的目的是调节送风方向,以提高舒适性。气流方式控制系统主要由传感器、

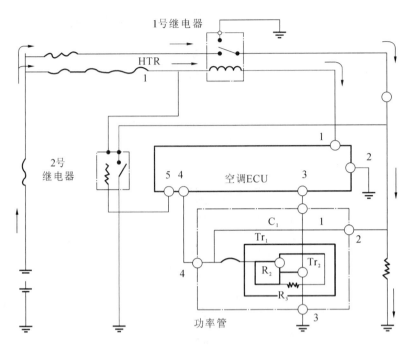

图 6-1-20 鼓风机转速控制系统的控制电路

ECU、气流方式控制伺服电动机和控制面板等组成。

4）进气模式控制

进气模式控制的目的是调节进入车内的新鲜空气量,使车内空气温度和质量达到最佳。ECU 根据 TAO 值确定进气模式,即将 RECIRC(车内循环)位移至 FRESH(车外新鲜空气)。该控制系统还有一种新鲜空气强制进气控制功能,当手动按下"DEF"开关时,将进气方式强制转变为 FRESH 方式,以清除挡风玻璃上的雾气。除此之外,进气模式控制还可改变新鲜空气与循环空气的混合比例。

5）压缩机控制

(1) 基本控制。

ECU 根据车内温度、车外温度、蒸发器温度和设定温度等参数,自动控制压缩机的通断,调节蒸发器表面温度,并防止蒸发器表面结冰。

(2) 低温保护。

当车外环境温度低于某值(如 3 ℃或 8 ℃)时,压缩机停止工作,以减少压缩机的损耗。

(3) 高速控制。

当发动机转速超过某转速值时,压缩机停止工作,以防止压缩机因转速过大而损坏。

(4) 加速切断。

当发动机处于急加速工况时,为了保证发动机有足够的动力,压缩机暂时停止工作。

(5) 高温控制。

当发动机水温超过某值(如 109 ℃)时,压缩机停止工作,以防止发动机水温进一步上升。

(6) 打滑保护。

当压缩机卡死导致皮带打滑时,压缩机停止工作,以防止皮带因负荷过大而断裂,进而影响水泵、发电机等工作。

(7) 低速控制。

当发动机转速小于某转速(如 600 r/min)时,压缩机停止工作,以防止发动机失速。

(8) 低压保护。

当制冷系统压力低于某定值时,压缩机停止工作,以防止压缩机在制冷系统制冷剂不足的条件下工作,导致压缩机损坏。

(9) 高压保护。

当制冷系统压力超过某值时,压缩机停止工作,以防止空调系统瘫痪。

(10) 可变排量压缩机的控制。

可变排量压缩机有全容量(100%)运转、半容量(50%)运转和停止运转三种工作模式。ECU 根据空调系统冷气负荷的大小,控制压缩机的排量变化,以节约能量。

可变排量压缩机的控制系统主要有两种类型:一种是根据冷却液温度进行控制,另一种是根据蒸发器表面温度进行控制。

根据冷却液温度进行控制的方法:当发动机冷却液温度过高时,ECU 根据冷却液温度传感器信号,控制压缩机按半容量运转模式工作,以防止发动机过热;反之,当发动机冷却液温度低于某值时,ECU 控制压缩机按全容量运转模式工作,以满足制冷需要。

根据蒸发器表面温度进行控制的方法:当蒸发器表面温度大于某值(40 ℃)时,ECU 控制压缩机按全容量运转模式工作,以降低蒸发器表面温度;当蒸发器表面温度低于某值(40 ℃)时,ECU 控制压缩机按半容量运转模式工作,以降低能耗;当蒸发器表面温度低于 3 ℃ 时,ECU 控制压缩机停止运转,以防止压缩机损坏。

任务实施

1. 任务实施准备

(1) 汽车空调实训室。

(2) 空调压缩机、举升机、空调拆装专用工具。

(3) 歧管压力表、厚薄规、百分表、卡环钳、旋具、维修手册、工作台。

2. 任务实施步骤

1) 汽车空调压缩机电磁离合器线圈烧坏原因分析

汽车空调压缩机电磁离合器线圈烧坏原因有两个:电磁离合器质量问题和制冷系统压力过高。当制冷系统压力升高时,压缩机运转的阻力矩随之增大,需要电磁离合器线圈的电磁吸力力矩随之增大,线圈电流也随之增大,由于线圈电流增大受到电源电压的限制,因此线圈产生的吸力力矩有限。当阻力矩超过吸力力矩时,离合器压盘与带轮之间相互摩擦,产生热量,导致电磁离合器线圈因过热烧坏。从低压侧排放适量制冷剂后,故障排除,制冷系统工作恢复正常。

2)空调装置的检修方法

(1)油面高度的检查。压缩机是高速旋转装置,其工作状态是否良好,取决于润滑是否充分,但过量的冷冻润滑油会减弱制冷效果,所以更换或维修压缩机部件后必须检查压缩机内的油量,即检查油面高度,如图6-1-21所示。通过加油塞孔,观看并旋转离合器前板,用棉纱将油尺擦干净,然后插到压缩机内,直到油尺端部顶到压缩机外壳为止。取出油尺,观察油尺浸入深度,当加油合适时,压缩机内油面应在4~6格之间,如果少则加入,如果多则放出。

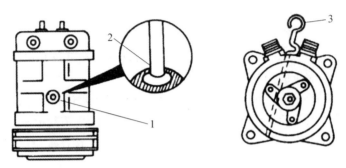

图 6-1-21 油面高度的检查
1—加油塞;2—加油塞孔;3—油尺

(2)电磁离合器的拆装。首先将专用工具的两个销子放入离合器前板的任意两个螺栓孔中,使离合器的前板固定,即可旋松并卸下螺母,如图6-1-22(a)所示。利用前板拉器拉下离合器前板,并将键从轴上拆下,如图6-1-22(b)所示。拆下轴承内卡环及外卡环,利用皮带轮拉器将皮带轮总成拆下,如图6-1-22(c)所示。从压缩机前端盖顶上的线夹内,拆下离合器线圈引出线,然后拆下离合器线圈。安装离合器线圈时,应注意离合器线圈法兰凸出部分必须和前盖中的孔对齐,以防止离合器线圈移动,并正确放置其引线。利用压缩机后部的4个安装耳,把压缩机支撑住,将离合器总成和前端盖毂对正,把离合器总成装到轴上,先安装轴承内卡环,再安装轴承外卡环。卡环的周围有一平边和一斜边,应使平边朝向压缩机、斜边朝外。安装离合器调整垫片,将前板安装到压缩机上,安装压缩机轴键,将前板键槽与压缩机轴键对准,轻轻敲击直到它落在离合器片上为止。如图6-1-22(d)所示,安装螺母,并施加34~41 N·m的力矩。用一厚薄规检查空气间隙,电磁离合器周边的空气间隙应在0.4~0.8 mm范围内。如果空气间隙不均匀,应轻轻敲击间隙大的部位;如果空气间隙不合格,应拆下螺母和前板,根据需要增、减离合器调整垫片。

(3)压缩机的检验。应在正常运转温度下对压缩机进行试验,歧管压力表的安装示意如图6-1-23所示。顺时针转动吸气和排气维修阀的阀杆,慢慢地打开歧管压力表的充氟阀,使压缩机中剩余的制冷剂排出,然后关闭充氟阀。打开低压表手动阀,并关闭高压表手动阀,启动发动机,使压缩机工作,高压侧压力应能迅速达到1.0~1.4 MPa。在发动机熄火,压缩机关闭后,如果压力能保持住,则说明压缩机排气阀工作正常;如果压力损失,则说明压缩机排气阀或缸盖密封有泄漏。把维修阀的阀杆顺时针旋到底,将阀从压缩机上拆下,脱开离合器线圈接头,将套筒扳手套在压缩机轴的固定螺母上,让压缩机运转。在转动时,出现不平稳或卡住情况时,需要进行更换。

模块 6 汽车空调系统

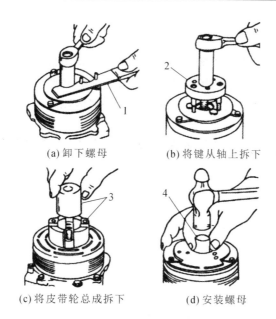

图 6-1-22 电磁离合器的拆装
1—止动板；2—前板拉器；3—皮带轮拉器；4—垫块

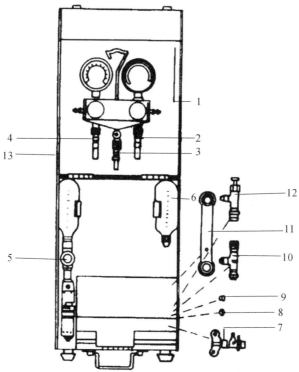

图 6-1-23 歧管压力表的安装示意
1—歧管压力表；2—高压表接头；3—中间输入软管；4—低压表接头；5—检漏灯；6—制冷剂罐；
7—开启阀；8—检修阀衬垫；9—软管衬垫；10—扳手；11—T 型接头；12—维修阀；13—工具箱

习题及思考题

(1) 汽车空调系统主要由哪些部件组成？各部件的功用是什么？
(2) 汽车空调电磁离合器的功用是什么？主要由哪些部件组成？主要受哪些部件控制？
(3) 导致汽车空调压缩机电磁离合器线圈经常烧坏的原因有哪些？怎样排除？

任务 6.2　汽车空调系统的维护与检修

学习目标

◎ 了解汽车空调系统控制电路。
◎ 掌握汽车空调系统常用工具、设备的使用。

能力要求

◎ 掌握制冷剂的排空、抽真空、充注方法。
◎ 掌握汽车空调系统的检测与维修方法。
◎ 掌握常见的汽车空调系统故障及其原因分析。

任务导入

一辆别克世纪星轿车空调离合器及冷却风扇工作均正常，但就是制冷效果不良，出风口与外界温差仅为 6 ℃左右。维修人员经检查发现空气内外循环的风门没有动作，原因是真空管损坏，更换后，故障排除。

学习指引

为了能够对汽车空调系统进行检修和故障排除，我们需要掌握汽车空调系统的维护、检修等方法。

相关知识

1. 汽车空调系统的维护

汽车空调系统的维护分为日常维护和定期维护。

1) 日常维护

日常维护主要是采用看、听、摸、测等方法进行检查。

(1) 检查和清洗汽车空调的冷凝器，使散热片保持清洁，片间无堵塞物。
(2) 检查制冷剂量。当空调系统工作时，从视液镜中观察到的流动的制冷剂几乎透明无气泡，但增大或减小发动机转速时可能出现气泡；关闭压缩机后立刻有气泡产生，然后渐渐消失，这就说明制冷系统工作正常。如果压缩机工作时有大量的气泡，则说明制冷系统工作不正常。
(3) 检查传动带，压缩机与发动机之间的传动带应张紧。
(4) 用耳听和鼻闻分别检查汽车空调有无异常响声和异常气味。

(5)用手摸压缩机附近高、低压管有无温差,正常情况下低压管呈低温状态、高压管呈高温状态。

(6)用手摸冷凝器进口处和出口处,正常情况下是前者比后者热。

(7)用手摸膨胀阀前后应有明显温差,正常情况下是前热后凉。

(8)检查制冷系统软管外观是否正常;各接头处连接是否牢靠;接头处有无油污,若有油污,则表明有微漏,应进行紧固。

(9)检查制冷系统电路连接是否牢靠,有无断路或脱接现象。

2)定期维护

为保证汽车空调无故障运行,需要定期对系统各主要零部件进行维护,如压缩机、冷凝器、蒸发器、膨胀阀、高压管、低压管、贮液干燥器、电气系统、高压开关、低压开关、冷凝器和蒸发器风机等。

(1)压缩机。

在压缩机运转情况下,检查其是否有异常响声,如有,则说明压缩机的轴承、阀片、活塞环或其他部件有可能损坏或冷冻润滑油过少;检查压缩机的高低压端有无温差;如果压缩机在运转中振动,则应检查传动带的松紧度,同时还要检查冷动润滑油的液面高度。

(2)冷凝器、蒸发器。

检查冷凝器、蒸发器是否清洁,通道是否畅通,以保证其能通过最大的通气量。

(3)膨胀阀。

检查膨胀阀有无堵塞;感温包与蒸发器出口管路是否贴紧;膨胀阀能否根据温度的变化自动调节制冷剂的供给量。

(4)高压管、低压管。

检查软管有无裂纹、鼓包、老化或破损现象;硬管是否有裂纹或渗漏现象;是否会碰到硬物或运动件;管道螺栓是否紧固。

(5)贮液干燥器。

检查易熔塞是否熔化、各接头处是否有油迹;正常工作时其表面应无露珠或挂霜现象;每年四、五月份维护期中应视需要更换干燥剂或干燥过滤器总成。

(6)电气系统。

检查电磁离合器有无打滑现象;在规定的气温下如低温保护开关能正常启动压缩机,则说明其有故障;检查电线连接是否可靠。

(7)高压开关、低压开关。

检查高压开关、低压开关,高压开关在压力为 2.2 MPa 时应能自动接通声光报警电路并使电磁离合器断电,当压力小于 2 MPa 时应能自动复位;低压开关在压力小于 0.2 MPa 时应能自动接通声光报警电路并使电磁离合器断电,当压力大于 0.2 MPa 时应能自动复位。

(8)冷凝器和蒸发器风机。

检查冷凝器和蒸发器风机工作时有无异常响声,叶片有无破损,螺栓、连接是否牢固,电动机轴承有无缺油现象。

2.汽车空调制冷系统检修

汽车空调制冷系统检修的基本操作一般包括工作压力的检测、检漏、制冷剂排空、抽真空、制冷剂的充注、加注冷冻润滑油等。

1) 维修操作注意事项

(1) 作业环境。

检修空调时应注意清洁和防潮,要防止污物、灰尘和水分进入制冷系统;要把机组周围和接头附近清洁干净;应避免在雨天进行维修作业。

(2) 制冷剂的使用。

保存和搬运制冷剂时,应按要求存放;不要用火烤钢瓶,也不能把它放置在太阳能直接照射到的地方;制冷剂应存放在40 ℃以下的阴凉地方;不能直接接触制冷剂,否则会被冻伤;操作时不可靠近面部,必须戴上护目镜和手套,若不慎将制冷剂溅到眼中或皮肤上,应立即用大量的冷水冲洗,然后用一块无菌布盖在受伤部位,去医院进行专业治疗。

(3) 制冷系统管路操作。

拆卸制冷系统管路时,应立即将制冷系统管口或接头封住,以免潮气或灰尘进入;清洁管路时应用高压氮气冲洗;管接头的密封圈是一次性的,每次检修后应该更换;拧紧或松开管接头时,应使用两个扳手。汽车空调制冷系统管路的连接一定要牢固可靠,应具有良好的密封性能,但又不能因拧得过紧而损伤螺纹,因此要根据不同的材质和管径按照拧紧力矩的要求操作。

2) 汽车空调制冷系统工作压力的检测

要了解汽车空调制冷系统工作循环情况,必须测量制冷系统工作时高压侧和低压侧的压力,制冷系统工作压力的检测具体操作过程如下:

(1) 将歧管压力表正确连接到制冷系统相应的检修阀上,如果是手动检修阀,则应使阀处于中位。

(2) 关闭歧管压力表上的两个手动截止阀。

(3) 用手拧松歧管压力表上高低压注入软管的连接螺母,利用系统内的制冷剂将软管内的空气排出,然后再将连接螺母拧紧。

(4) 启动发动机,并使发动机转速保持在1 000~1 500 r/min,然后打开空调A/C开关和鼓风机开关,设置到空调最大制冷状态,鼓风机高速运转,温度调节到最低。

(5) 关闭车门、车窗和舱盖,发动机预热。

(6) 将一根玻璃温度计放在中风门空调出风口(检测空调冷风温度),而将干湿温度计放在车内空气循环进气口处(检测车内环境温度),湿温度计的球部要包裹蘸饱水的棉花。

(7) 空调系统至少要正常工作15 min后,才能进行检测工作,并记录数据。空调的正常值要达到一定的标准要求。当环境温度为21~32 ℃时,空调冷风温度为1~10 ℃。R134a空调系统低压侧的压力应为0.15~0.25 MPa,高压侧的压力应为1.37~1.57 MPa。

注意:由于车型及测试工况(发动机转速、蒸发器入口温度)不同,压力范围略有差异。

3) 汽车空调制冷系统的检漏

汽车空调制冷系统的常用检漏方法有压力检漏、真空检漏、电子式检漏仪检漏和外观检漏等。

(1) 压力检漏。

压力检漏是指将少量制冷剂及一定压力的氮气加入制冷系统中,再用目测、皂泡、卤素检漏灯或电子式检漏仪进行检漏的一种方法。这种方法常用于汽车空调制冷系统中制冷剂全部漏光时的检漏。采用压力检漏方法时,严禁用压缩空气进行检漏,这是因为压缩空气中含有水分,水分随空气进入后,膨胀阀会产生冰堵。图 6-2-1 所示为制冷剂加压检漏。

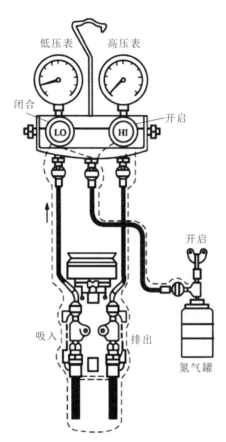

图 6-2-1　制冷剂加压检漏

(2) 真空检漏。

用真空泵进行检漏,真空度应达到 0.1 MPa,并保持 24 h 内真空度没有显著增大即可。抽真空的目的:

① 抽出系统中残留的氮气;

② 检查系统有无渗漏;

③ 使系统干燥。

只有在系统抽真空后才能加注制冷剂。

(3) 电子式检漏仪检漏。

用电子式检漏仪进行检漏,电子式检漏仪探头应尽可能接近检漏部位,一般要求在 3 mm 之内,探头的移动速度必须小于 30 mm/s。当探头脏污或电压偏低时,会影响检查的准确性。其方法和步骤如下:

① 将电子式检漏仪电源接上,预热 10 min 左右。

② 对电子式检漏仪进行校核,使指示灯和警铃工作正常。

③将电子式检漏仪调到所需的灵敏度范围。
④将探头放在易出现泄漏的部位进行检测,防止漏检。
⑤当指示灯亮、警铃响起时,此位置为泄漏部位。同时应将探头立即移动,以免检漏仪损坏。

(4) 外观检漏。

制冷剂泄漏部位往往会渗出冷冻润滑油,若发现某处有油污渗出,则可用清洁的白纸擦拭或用手直接触摸检查。如仍有油冒出,则可能有泄露。

4) 汽车空调制冷系统制冷剂排空

制冷剂排空是指将制冷系统内的制冷剂排出。制冷剂排空方法一般有传统排空法和回收排空法两种。

(1) 传统排空法。

传统排空法如图 6-2-2 所示,具体过程如下:
①把歧管压力表组连接到系统的高、低压侧检修阀上。
②启动发动机并使其转速维持在 1 000~1 200 r/min 之间,运行 10~15 min。

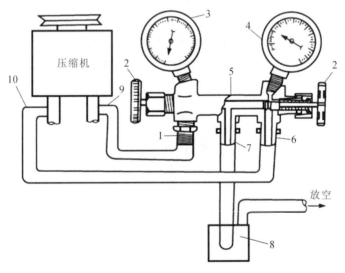

图 6-2-2 传统排空法

1—低压管;2—手柄;3—低压表;4—高压表;5—表阀;6—高压管;7—维修软管;8—回收装置;9—吸气阀;10—排气阀

③使风扇高速运转,将系统中所有的控制开关都置于最冷位置并使系统达到稳定状态。
④关闭空调的控制开关,关闭发动机。
⑤慢慢打开歧管压力表组上的低压手动阀,让制冷剂缓缓地从中间注入软管流入回收装置中,等压力下降到 350 kPa 时,再慢慢拧开高压手动阀,以防止冷冻机油被带出。
⑥当歧管压力表组的高、低压表指示为零时,说明系统内制冷剂已排空。

(2) 回收排空法。

制冷剂的放卸回收、净化循环使用工作过程如下。
①用表阀系统将汽车空调制冷系统中的制冷剂回收到贮液瓶。其中,高压阀连接压缩机排气管,低压阀连接压缩机吸气管,表阀的中间接口连接钢瓶。钢瓶的底部有一个截止阀,用来放卸制冷剂从而带出润滑油(冷冻机油)。降压时,先慢慢拧开高压手动阀,让制冷剂缓慢流

出,尽量不带出冷冻机油。当压力下降到 350 kPa 时,再慢慢拧开低压手动阀,让制冷剂经降压、除酸、干燥、过滤等工序后,重新压缩、冷凝、液化,装入贮液瓶中。

②在此过程中,对生成的酸性物质,常采用中和法或膜处理方法清除,使酸性物质自动分离;对混入制冷剂中的水分,常采用分子筛吸附,使制冷剂的含水量达到可重新使用的标准;对不溶杂质(如铁屑、油污、灰尘等),可采用过滤装置清除。

注意:回收场地应通风良好,不要使排出的制冷剂靠近明火,以免产生有毒气体;制冷剂排出而冷冻机油并非全部排出,因此应测定排出的油量,以便补充。

5) 汽车空调制冷系统抽真空

抽真空是为了排出制冷系统内的空气和水汽,它是空调维修中一项极为重要的程序。图 6-2-3 所示为抽真空管路连接方法,具体操作过程如下:

(1) 将歧管压力表上的两根高、低压侧注入软管分别与压缩机上的高、低压检修阀相连,并将歧管压力表上的中间注入软管与真空泵相连。

(2) 打开歧管压力表上的高、低压手动阀,启动真空泵,并观察两个压力表,将系统压力抽真空至 98.70~99.99 kPa。

(3) 关闭歧管压力表上的高、低压手动阀,观察压力表指示压力是否回升。若回升,则表示系统泄漏,此时应进行检漏和修补;若压力表指针保持不动,则打开高、低压手动阀,启动真空泵继续抽真空 15~30 min,使压力表指针稳定。

(4) 关闭歧管压力表上的高、低压手动阀。

(5) 关闭真空泵。先关闭高、低压手动阀,然后关闭真空泵,目的是防止空气进入制冷系统。

6) 汽车空调制冷系统制冷剂的充注

在制冷系统抽真空达到要求,且经检漏确定制冷系统不存在泄漏后,即可向制冷系统充注制冷剂。

充注前,先确定制冷剂的充注量,充注量过多或过少都会影响空调的制冷效果,压缩机的铭牌上一般都标有所用制冷剂的种类及其充注量。

(1) 从高压侧充注液态制冷剂,如图 6-2-4 所示。

液态制冷剂可以从高压侧注入,其充注过程如下:

①抽真空作业完成后,将中间注入软管从真空泵上卸下,改接到制冷剂注入阀接口上,装好制冷剂罐,并用注入阀打开制冷剂罐,然后将与歧管压力表相连的中间注入软管接头稍微松开一些,直到听见"嘶嘶"声后再拧紧,以排出中间注入软管内的空气。

②打开歧管压力表高压手动阀,制冷剂便经高压侧注入软管进入系统高压侧,这时观察低压表指示压力是否回升。若低压表指示压力不回升或回升很慢,则说明系统内部堵塞,应停止充注并进行检修。若低压表指示压力随高压表的一起正常回升,则可将制冷剂罐倒立,使制冷剂呈液态进入系统。注入规定量的制冷剂后,关闭高压手动阀和注入阀后,即可进行检漏或试运行。

一般在抽真空后初步检漏之前,从高压侧注入一定量的液态制冷剂(200 g 左右),使制冷系统有一定量的制冷剂并保持一定的压力,以便用卤素检漏仪进行检漏作业。

另外应注意,采用这种方式充注制冷剂时,不允许打开歧管压力表上的低压手动阀,也不允许运转压缩机,以防制冷剂罐爆裂。

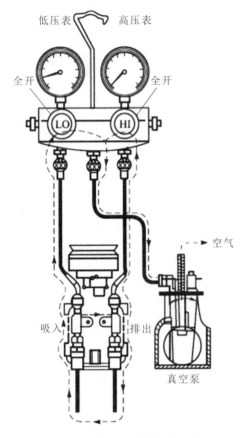

图 6-2-3　抽真空管路连接方法　　图 6-2-4　从高压侧充注液态制冷剂

(2) 从低压侧充注气态制冷剂,如图 6-2-5 所示。

气态制冷剂一般从低压侧注入,用于初步检漏后充注制冷剂或给系统补充制冷剂,其充注过程如下:

①将歧管压力表连接于制冷系统检修阀上,将中间注入软管与制冷剂注入阀同制冷剂罐连接好。

②启动发动机并使之在 1 500~2 000 r/min 转速下运转,接通空调 A/C 开关使压缩机工作,并将鼓风机开关和温控开关调至最高挡。

③用注入阀打开制冷剂罐并保持罐体直立,缓慢打开歧管压力表低压手动阀,气态制冷剂便由制冷剂罐经注入软管、低压侧检修阀被压缩机吸入制冷系统低压侧。同时调节低压手动阀开度,使低压表读数不超过 411.6 kPa。为加快充注速度,可将制冷剂罐直立放在 40 ℃ 左右的温水中,以保证制冷剂罐内的液态制冷剂具有一定的蒸发速度。若使用的是小容量罐,则在充注一罐后仍需加注时,可关闭歧管压力表上的低压手动阀,从空罐上卸下注入阀,把它装到待用的制冷剂罐上,排出中间注入软管内的空气后,再继续充注到适量为止。

④充注完毕后,关闭歧管压力表低压手动阀,关闭注入阀,关闭空调 A/C 开关和鼓风机开关,使发动机熄火,卸下歧管压力表即可。

7) 汽车空调制冷系统加注冷冻润滑油

通常汽车空调制冷系统的冷冻润滑油消耗很少,但每两年需要更换一次,每次应按规定数

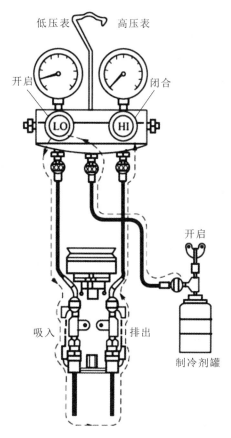

图 6-2-5　从低压侧充注气态制冷剂

量加注(一般压缩机的铭牌上标注润滑油的型号和数量)。加注时一定要使用同一牌号的冷冻润滑油,不同牌号的冷冻润滑油混用会生成沉淀物。

加注冷冻润滑油有直接加入法和真空吸入法两种方式。

(1) 直接加入法。

①卸下加油塞,注入规定型号的冷冻润滑油。

②通过加油塞孔观察,旋转离合器前板,使活塞连杆正好在加油塞孔中央位置。

③把油尺插到活塞连杆的右边,直至油尺端部碰到压缩机外壳为止。

④取出油尺,冷冻润滑油的刻度数应该在油尺的4~6格之内。

(2) 真空吸入法。

按要求正确连接设备,如图6-2-6所示。先将制冷系统抽真空到 2 kPa,然后开始加注冷冻润滑油,步骤如下:

①关闭高压手动阀,关闭辅助阀。

②把高压侧软管从歧管压力表上拆下,插入油杯内。

③打开辅助阀,使冷冻润滑油从油杯吸入制冷系统。

④当油杯中的冷冻润滑油快被抽空时,立即关闭辅助阀,以免空气进入系统。

⑤把高压侧软管接头拧在歧管压力表上,打开高压手动阀,启动真空泵,将高压侧软管抽真空。然后打开辅助阀,为系统抽真空,压力至 2 kPa 后继续抽 15 min,以排除随油进入系统

的空气。此时,冷冻润滑油在高压侧,待系统运转后,冷冻润滑油返回压缩机。

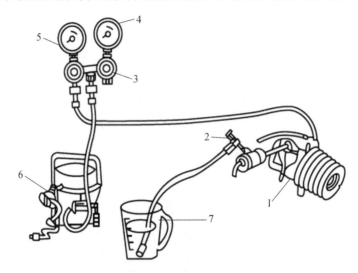

图 6-2-6　真空吸入法

1—回气口;2—排气口;3—高压手动阀;4—高压表;5—低压表;6—真空泵;7—油杯

3.分析汽车空调系统故障的一般方法

维修汽车空调系统,可从听、看、摸、测4个方面入手。

1) 听

听声响来判断压缩机的运行状况。正常的运转声应是:只能听到压缩机有清脆而均匀的阀片跳动声,如果有敲击声,一般是制冷剂的"液击"声或者是敲缸现象,如果有摩擦声,可能是压缩机负荷太大、润滑油不足或者断油、离合器打滑等。

2) 看

观察冷凝器表面是否洁净,防止杂物和泥土附着在冷凝器表面,观察空调制冷系统所有连接部分是否有油渍,重点是压缩机轴封、前后盖板的密封垫、检修阀、安全阀等,观察各软管有无磨损、老化、鼓泡、裂纹和渗漏,观察玻璃观察窗内制冷剂的状态。

3) 摸

打开空调开关,使压缩机运转 15～20 min。用手摸空调系统管路各部件的温度,正常情况下,高压端管路的温度为 55～65 ℃,而低压端管路的温度较低,低压端的部件和管路的连接部分都会出现水露。用手小心触摸高压区,特别是高压端金属部件,如压缩机的出口阀、冷凝器、贮液干燥器等,手感较热而不烫手,则为正常;如果烫手,首先检查冷凝器工作是否良好,冷凝器表面是否洁净而无杂物,风扇的风量是否过小;如果高压端手感热度不够,则为制冷剂过少;如果没有温度,则为制冷剂漏光。

如果贮液干燥器出现霜冷或水露,则说明干燥剂破碎并堵住制冷剂流动管道。

膨胀阀的手感温度是比较特殊的,其制冷剂进口连接处较热,出口连接处较凉,有水露,这些都是正常现象。如果膨胀阀出口处有霜冷,则说明膨胀阀的阀口已经堵塞,必须马上处理。

低压管的手感冰凉,有水露,但不应该有霜冷,若有霜冷则说明系统有问题,可能是膨胀阀感温包内的传感液体已经漏光,应更换一个新的,也可能是制冷剂太多需要放掉一些,或者是蒸发器的温度传感器、恒温器或压力控制器产生故障。

用双手触摸压缩机的进气口和排气口,手感温度应该有明显的差别,如果没有温差,则说明制冷剂全部漏光;如果差别不大,则说明制冷剂不足。

用手触摸各个管接头是否松动等,特别是一些电气设备的插头插座的连接是否松动。

4) 测

通过听、看、摸,只能发现不正常现象,但做最后的结论还要借助一些检查手段以及压力表组对制冷系统进行测试,在掌握第一手资料的基础上对各种现象进行认真分析,判断出故障的部位,然后予以排除。

(1) 检查、调整皮带的张力:新安装的皮带必须进行两次调整。第一次为新皮带安装,调整到规定值,运行 30 min 后,进行第二次调整。由于结构不同、中心距不同,皮带张力也不同,应按各车型的说明书进行检查。

(2) 检查电磁离合器:接通电磁离合器电源开关,此时压缩机应马上工作;断开电源后,压缩机应立刻停止工作。在冬天,接通电磁离合器电源开关后,如果压缩机不转,可能是低温保护开关起作用。此时可以直接从蓄电池引一条导线接通电磁离合器,以证明电磁离合器的好坏,若能正常运转,说明电磁离合器无故障。冬天室外温度很低,压缩机启动后仍能运转,则说明低温保护开关已经损坏。

(3) 检查风扇电机的调速器和继电器:接通风扇电机开关后,从低挡到高挡分别拨动调速器,在各挡位使风扇运转 5 min,检查吹出的风量是否有变化,如果没有变化,则可能是调速器的电阻箱和风扇继电器坏了。

(4) 检查高、低压保护开关和过热保护器。高、低压保护开关和过热保护器都是为了当制冷系统产生故障时,保护压缩机和制冷系统不受损坏。它们都和空调开关、风扇开关串联在一起,当系统工作压力太高,或者环境温度太低,制冷剂泄漏完时,高、低压力开关就会切断压缩机电磁离合器的电路。检查时,可把被检查的开关短路,再接通制冷系统的开关,此时,若制冷系统开始工作,则说明此开关坏了。例如,判断低压开关是否坏了,可以把低压开关的两接头导线短路,此时,开动制冷机,如果压缩机工作则说明低压开关损坏。对于过热保护器,如果短路就会烧毁低熔点金属丝,注意检查后应重新换上新的低熔点金属丝,否则,压缩机不能工作。用同样方法可以检查怠速控制器、温度控制器和超速继电器等,也可用万用表测量拆去电流线接头的各种控制器。

(5) 检查膨胀阀。膨胀阀的毛细管应牢固地夹紧和用绝缘布包捆在蒸发器出口处,有的毛细管应正确插入制冷管路的插孔中,并用感温油纸包裹。

(6) 检查观察孔。汽车空调大多数装有观察孔,以观察制冷系统内部工质的流动状况,观察孔安装在贮液干燥器的出口处。观察孔的设立,给维护带来了方便,在夏天使用汽车空调时,都要仔细察看观察孔中制冷剂的流动状况,以便决定维护内容,通过观察孔检查制冷工质的方法为:启动发动机,使其转速稳定在 1 500～1 750 r/min,制冷压缩机运行 5 min。将观察孔的玻璃擦干净,把空调功能键置于 MAX(最大制冷)位置,吹风机(包括空调器和冷凝器风机)功能键置于最大转速,这时可从观察孔中看到以下几种情况:

① 清晰。孔内没有气泡,也看不见液体流动,这种状态表明系统内制冷剂可能全部泄漏,这时用手触摸压缩机进、排气口,没有温度差别,空调器出风口的空气不冷,这时应立即关掉发动机,检查制冷系统制冷剂泄漏的原因;也可能是制冷剂过多,两手分别触摸压缩机进气管和排气管,温差明显,且在高压侧有烫手的感觉、在低压侧有冰霜,空调器出风口的温度比制冷剂

量正常时的略高3～5 ℃。若空调系统的压缩机在关掉电源后不工作,而其余部分继续工作,则超过45 s以后,观察孔内仍然有清晰圆形气泡流过,就可以认为系统内的制冷剂过多,必须把多余的制冷剂排出;若暂停压缩机工作,空调系统其余部分仍然工作,45 s后通过观察孔可以看到有少量气泡通过,则说明制冷剂适量。

②气泡。偶尔或者缓慢地看到有少量气泡流过,该状态说明制冷剂量稍有不足或制冷系统的干燥剂已经饱和,制冷剂内有水分混入。当膨胀阀有结霜现象,并且从观察孔有时可看到干燥剂变颜色,则说明制冷剂含有水分,应马上更换干燥剂,并观察制冷剂有无变质;当膨胀阀没有结霜现象,则说明制冷剂量不足,应加入适量的制冷剂,并检查有无泄漏的地方。

③泡沫。该状态说明系统内制冷剂量严重不足,并且有大量水分和空气进入系统,此时必须用制冷剂检漏仪查出泄漏的部位,并且修理好,将制冷系统抽成真空,加入足量的新冷冻润滑油和新制冷剂。

④油斑。观察孔的玻璃上有条纹状的油渍或黑油状泡沫。若压缩机进、排气口有明显温差,并且暂停压缩机工作,空调系统其余部分仍然工作,孔内玻璃的油渍干净,则说明制冷剂略少,而冷冻润滑油过多,此时应想办法从系统内释放一些冷冻润滑油,再加入适量的制冷剂;若压缩机进、排气管有明显温差,暂停压缩机工作,空调系统其余部分仍然工作,玻璃上有黑色油渍或其他杂物,则说明系统内的冷冻润滑油变质,必须清洗制冷系统;若压缩机进、排气阀门没有明显温差,空调器出口也没有冷气出来,则说明制冷剂全部漏光,观察孔的玻璃上是润滑油。

任务实施

1.任务实施准备

(1)汽车空调实训室。

(2)带空调的车辆、举升机、真空泵、空调系统专用工具。

(3)万用表、歧管压力表、KT600故障诊断仪、制冷剂、旋具、维修手册、工作台。

2.任务实施步骤

汽车空调制冷系统结构复杂,接头线路多,运行环境恶劣,因此汽车空调系统故障大多都出在制冷系统中。常见的汽车空调系统故障有:空调制冷不足、空调不制冷、压缩机不工作等。

1) 空调制冷不足

(1) 故障现象。

一辆通用别克轿车空调电磁离合器及冷风扇工作均正常,但就是制冷效果不足,出风口与外界温差仅为6 ℃左右。

(2) 故障分析。

这种故障一般不在电路系统,而应在外部和制冷剂方面查找故障原因(若风扇运转不正常,则应在电路系统查找原因),其可能原因有:

①制冷剂不足,用压力表测量的低压低于196 kPa,高压低于980 kPa时,则应补充制冷剂到正常值;急速时,低压应为245 kPa,高压应为1 471 kPa左右。

②孔管堵塞。手触干燥罐有冷感,但程度不足,在此情况下,高压偏高,应清洗膨胀节流管(位于冷凝器出口与蒸发器入口之间的高压管里)。

③蒸发器积尘太多。低压管及干燥罐冷感适度,压力也正常,只有出风量偏小,此时可将

鼓风机及鼓风机调速器(在驾驶室的右下侧发动机舱中央墙壁上)拆下,用压缩空气或蒸发器清洗剂将蒸发器清洗干净。

④散热不良。冷凝器散热片堵塞,水温过高,用高压空气吹水箱及冷凝器外部,注意不要直接用高压水清洗,否则,高压水非常容易将冷凝器的散热片吹倒,使空气流通受阻,导致散热不良。

(3)故障诊断与排除。

用压力表测量高、低压压力,低压正常,高压偏高,为 1 648 kPa,手触干燥罐有冷感,但明显程度不足,说明孔管堵塞。清洗孔管后,温度降到 11 ℃左右,但仍未完全排除故障。正常情况下应该在 8 ℃左右,这说明还有其他的故障未排除。开启空调的各个按钮发现空调的内外循环没有变化,如果空调长期引入外界空气,空调的负荷肯定非常大。经过检查发现空气内外循环的风门没有动作,继续检查,发现控制风门的真空源没有,拆下真空电磁阀发现真空管破裂,更换后故障排除。

2)空调不制冷

(1)故障现象。

一辆 2011 年产雪佛兰科鲁兹 1.6 轿车,装备手动空调,行驶里程为 4 000 km。用户反映该车空调不制冷。维修人员接车后,实际测量了空调系统各部分的温度,出风口的温度约为 25 ℃,蒸发器管路出口处的温度约为 4 ℃。

(2)故障分析。

空调不制冷是空调系统常见故障之一,其原因有制冷系统故障、控制系统与控制电路故障、调控系统故障和机械系统故障等。

①制冷系统故障:制冷系统无制冷剂(即制冷剂完全泄漏);贮液干燥器脏堵;膨胀阀进口滤网完全脏堵;发动机以不同转速运行时,高、低压侧压力仅有微小变化,说明压缩机损坏;若高、低压侧压力为零,则说明制冷管路破裂或有裂纹。

②控制系统与控制电路故障:电磁离合器线圈搭铁不良或脱焊断路;控制开关失效;鼓风机不转。

③调控系统故障:热水阀不能关闭,检修或更换热水阀控制器件;空气混合门位置不当(处于取暖位置)。

④机械系统故障:压缩机驱动带松弛或折断;压缩机机件损坏卡死,不能转动;鼓风机机件损坏卡死,不能转动。

(3)故障诊断与排除。

维修人员接车后,实际测量了空调系统各部分的温度,出风口的温度约为 25 ℃,蒸发器管路出口处的温度约为 4 ℃。用故障诊断仪检测空调控制单元,无故障码。读取数据,蒸发器温度为 4 ℃,与实测相符。调节空调设定温度,从数据上可以看出,风门步进电机的步进数从 0 变到 1 666,与此同时,出风口的温度由 25 ℃升至 65 ℃,说明空调系统的温度调节功能正常。从数据上看,当风门步进电机的步进数为 0 时,暖风通道应该是完全关闭的。但此时,很明显的是,暖风异常地进入了空调风道。为了排除温度调节风门电机机械传动故障的可能性,将电机拆下,手动转动风门轴,将风门完全关闭,但出风口的温度没有任何变化。为排除暖风对空调风道中气流的影响,人为地将暖风散热器的冷却液循环流动阻断。此时发现,出风口很快便送出了冷气,温度由原来的约 25 ℃变为现在的约 12 ℃。由此可见,故障是温度调节风门导致的。拆卸空调风道中的温度调节风门,检查发现左侧风道的风门错位,导致风门关闭不严。经蒸发器冷却后的一部分气流,通过关闭不严的风门进入暖风风道,经暖风器加热后与冷气混合,导致空调系统制冷不良。更换温度调节风门总成,在外循环、最强制冷和最大风量时,测量空调出风口的温度为 9 ℃,故障排除。

3)压缩机不工作

(1)故障现象。

一辆上海别克空调不制冷,风机运转正常,压缩机不工作。

(2)故障分析。

接通空调开关,空调压缩机不工作的常见原因及检查方法如下:

①空调开关接触不良,空调电路熔断器断路,空调继电器触点接触不良。

②线束连接器接触不良。

③驱动带过松、断裂或离合器间隙过大。

④电磁离合器线圈断路导致压缩机不转。

⑤制冷剂不足。

(3)故障诊断与排除。

①制冷剂不足导致压缩机不工作。当制冷剂不足时,会导致空调离合器频繁吸合,甚至压缩机不工作。跨接低压循环开关检查,若吸合,则多半是制冷剂泄漏所致。

②空调离合器继电器故障导致压缩机不工作。检查空调离合器继电器情况,30 号、85 号端子上应有 12 V 电压;87 号端子对地应有若干欧姆电阻;86 号端子为 PCM 提供的搭铁端,开空调后,电阻应在 10 Ω 以下,跨接 30 号、87 号端子,离合器应吸合,否则为空调离合器继电器故障(线圈失效,线圈搭铁不良或接触不良)。

③控制线路故障导致压缩机不工作。若空调离合器继电器 86 号端子未搭铁,则继续向 PCM 方向检查。检查 PCM 至空调离合器继电器的线路是否有断路。

④测量压力开关上有无 5 V 参考电压,有无接地信号。若有,检查压力开关的信号电压是否进入 PCM。若没有信号进入 PCM,则进行相应的检查,或者更换压力开关;若有信号进入 PCM,且空调开关已经打开,则为 PCM 故障。遇到这种情况最好利用故障检测仪进行检查,判别空调请求信号和 AC 信号是否在 ON 状态。如果判断出空调 ECM 或主 PCM 故障,为慎重起见,应再将高压切断开关和低压循环开关同时跨接后仔细检查,并保证各端子接触良好,然后检验故障是否存在。跨接压力开关后,离合器吸合,制冷效果良好。更换压力开关后故障排除。

习题及思考题

(1)简述汽车空调制冷系统充注制冷剂的基本步骤(从低压侧充注)。

(2)加注冷动润滑油的一般方法有哪些?

(3)简述汽车空调系统故障诊断的方法。

(4)简述汽车空调制冷系统真空检漏方法。

项 目 案 例

案例1:汽车空调不制冷故障检修。

车型:丰田花冠(COROLLA 2.0L)。

症状:制冷系统压力屡次降低。

诊断:驾驶员反映夏季时打开该车空调开关,制冷系统不工作,于是到一家修理厂维修,经检查制冷系统制冷剂不足,于是向系统内补充了制冷剂,当时试验制冷效果良好。三天后,制冷系统制冷效果变差,再次到上家修理厂检查,这次是因为制冷系统高、低压侧压力低,用检漏仪检测,系统不泄漏,以为是上次充注不足,就又补充了制冷剂。谁知,三天后,制冷系统压力又下降了。

诊断与排除:制冷系统压力屡次下降,肯定是制冷剂泄漏导致的,其他原因不可能导致系统压力降低。

在制冷系统的高、低压侧接上压力表组,检测高、低压侧压力,结果均低于标准值,结合驾驶员反映的情况,可判定系统有泄漏。用制冷剂检漏仪对制冷系统检漏。若系统有泄漏,检漏仪则鸣叫。将仪器的灵敏度调至最高,再将检漏仪的探头依次放在各管接头处进行检测,当将探头放在进、出驾驶室的高压管上一段时间后,检漏仪发出鸣叫声,再将探头放在低压管上,检漏仪也发出鸣叫声,两处都有鸣叫声,分不清到底是哪根管泄漏。

由于此处的高、低压管接头均有泄漏的迹象,因此将两个管接头拆下,检查O形环,无损坏。为安全起见,更换了两个O形环。对制冷系统抽真空,充注制冷剂后,制冷系统可正常工作。将检漏仪探头再次放在进、出驾驶室的高、低压管上一段时间,检漏仪又发出鸣叫声。这是怎么回事?是因为此处管接头泄漏,还是因为其他地方泄漏了制冷剂?

将检漏仪探头放在此处附近,检漏仪仍鸣叫,若放在远离此处的管接头上,则检漏仪不鸣叫。经分析,这可能是驾驶室内部泄漏引起的。

制冷系统由压缩机、冷凝器、干燥器、膨胀阀、压力开关、蒸发器等组成。而蒸发器及其连接管路位于驾驶室,经分析,蒸发器及其连接管路泄漏。

将蒸发器拆下,发现蒸发器右下部有油污,可能是此处泄漏,加压试验结果证明此处泄漏。用铝焊将其焊好后,重新装复,对制冷系统抽真空,充注制冷剂后,系统制冷正常,用检漏仪放在制冷系统的任何部位进行检测,检漏仪均不鸣叫。该车制冷系统再未出现过泄漏现象。

修复:将蒸发器修复后,故障排除。

分析:蒸发器装在驾驶室内部,极少发生泄漏,很多人检漏时将此处列为免检部位。但故障率低,并不表示不产生故障,在该故障的检测中,若一开始拆下手套箱下的护板,用检漏仪检测一下,就能很容易发现故障原因了。

案例2:汽车空调的出风控制系统的检修。

车型:宝马525i。

症状:在空调系统制冷开关打开后,风机1、2、3挡均无风吹出,但4挡有较小的风吹出,过一段时间后自动跳停。

诊断:4挡有小风吹出,说明风机运转,制冷系统正常,只是调节系统有故障。拆检风机温控电阻(该电阻的触点和风机挡位相配),在冷态和热态下进行测量,该电阻的阻值无变化。当把该电阻放在风机风口前时,风机最多工作1h便自动跳停。后经仔细观察发现:电阻中一个触点的铆钉松动。铆紧该铆钉之后,把电阻装回原位,再打开风机进行试验,风机不再跳停,各挡位都恢复正常。

修复:紧固铆钉后,故障排除。

分析:在维修时一定要找准故障部位,不要盲目地找,以防车辆损坏。

案例3:汽车空调取暖系统故障检修。

车型:上海桑塔纳2000时代超人。

症状:打开暖风时,暖风不热。

诊断:打开暖风时,暖风不热。经检查发现,送风量小。当接通暖风电动机的高速开关时电动机转动,而将开关旋至低速挡时电动机不转,说明电动机、熔断器等工作正常。于是将控制开关旋至低速挡,用导线将控制开关的低速挡控制引线搭铁,观察电动机,发现电动机不转,因此怀疑暖风机电阻器损坏或引线断路。当用万用表测量时,电阻值为20 Ω,正常电阻器的阻值应为1.5 Ω,说明电阻器烧断。

修复:拆换电阻器后试车,故障排除。

分析:以前维修过该车电动机,故怀疑是维修人员不小心弄坏了电阻器。

案例4:自动控制空调的电路分析及故障检测。

车型:凯迪拉克(CADILLAC FLEETWOOD 5.7L)。

症状:驾驶员反映近段时间制冷系统的制冷效果不如以前,将温度调至最低,从风口吹出的风也不是很凉。

诊断:FLEETWOOD型轿车的空调系统很先进,具有自诊断功能,通过触发能使空调系统控制电脑输出故障码。由于该车具有如此先进的功能,因此决定先进行自诊断,以避免走弯路。

(1) 将点火开关转至"ON"位置。

(2) 同时按下空调控制板上的"OFF"及"TEMP△"(温度升高)键。

(3) 空调控制板屏幕上显示"00",表示进入车辆自诊断系统了。

(4) 利用风量升高或风量降低键,选择诊断系统代码,空调控制系统的代码是02。

(5) 再按"OUTTEMP"(外界温度)键,读取故障码。

读取该车故障码是09,查故障代码表,可知其含义是:制冷剂不足。拿出制冷剂压力测试表组,接在高、低压侧进行压力检测,压力都很低。对系统充注制冷剂,高、低压侧压力恢复正常,制冷效果又恢复正常。简单地用检漏仪检测,也未发现泄漏点。

本来想这辆车的空调电脑诊断系统还真好用,一诊断就查出了故障,省了不少事。不想,三天后,驾驶员又开车来了,说制冷效果又变差了。一调故障码仍是09,说明制冷剂又不足了,判定制冷系统有泄漏。

用检漏仪逐点认真检查,当检查到压缩机时,发现压缩机上的高压管接头处有轻微泄漏。将该接头拆下,更换O形环,抽真空,充注制冷剂,制冷效果又恢复正常。

修复:更换O形密封圈,充注制冷剂,故障排除。

分析:电脑故障诊断系统不是万能的。电脑故障诊断能根据空调系统中众多的传感器,如车内温度传感器、车外温度传感器等,感知空调系统的工作状况。在检测传感器正常而车内温度达不到要求的情况下,能做出判断:系统缺制冷剂。但确定泄漏或堵塞部位还需维修人员去做。

模块 7 车载网络

任务 7.1 基础知识

学习目标

◎ 掌握车载网络技术的发展背景;了解总线的主要类型及其适用场合。

能力要求

◎ 能了解总线技术对汽车通信技术的影响。
◎ 能理解数字技术和车载总线技术之间的关系。
◎ 能理清车载总线的类型及其适用场合。

相关知识

1. 车载网络技术的发展背景

自 20 世纪 50 年代汽车技术与电子技术开始融合以来,电子技术在汽车领域中的应用范围越来越广,特别是随着集成电路、大规模集成电路和超大规模集成电路的发展,功能多、速度快、性能可靠的汽车电控系统成为现实。电控系统提高了汽车的动力性、燃油经济性、安全性和舒适性。电子技术的应用,使汽车控制单元的数量不断增加,相应的传感器、执行器的数量不断增加,导致汽车电路越来越复杂。汽车电路的增加,导致汽车的布线十分复杂,一方面占用汽车空间,在有限的汽车空间内布线越来越困难,另一方面限制功能的扩展。复杂电路也降低了汽车的可靠性,一旦汽车线束出现问题,查找故障就很麻烦,增大了维修的难度。据统计,导线质量可占汽车整车质量的 4%,导线质量每增大 50 kg,汽车油耗每百千米会增大 0.2 L。

为解决上述问题,现代汽车广泛采用车载网络技术,将过去一线一用的专线制改为一线多用制。车载网络技术在一条数据线上传递的信号,可以被多个系统共享,从而最大限度地提高系统的整体效率,充分利用有限的资源,减少汽车上的电线,减小线束的直径,车载网络技术将计算机技术融入整个汽车系统中,加速汽车智能化的发展。

在电子元件上节省的办法是在各种电压下对开或关的信息编码,如图 7-1-1 所示。图 7-1-1(a)所示为传统连接的构造,图 7-1-1(b)所示为电压电码的信号传输的构造。

2. 国内外车载网络技术的发展简史

20 世纪 80 年代末,BOSCH 公司和英特尔公司研制了专门用于汽车电气系统的总线——控制器局域网(controller area network,CAN)。

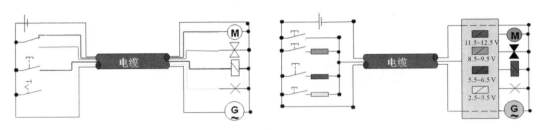

(a) 传统连接的构造　　　　　　　(b) 电压电码的信号传输的构造

图 7-1-1　两种对开或关的信息编码构造图

20 世纪 90 年代,随着集成电路技术和电子器件制造技术的迅速发展,用单片机作为总线的接口端,采用总线技术布线的价格逐步降低,总线技术布线进入了实用化阶段。

随着汽车电子技术的发展,欧洲提出了控制系统的新协议 TTP。

随着汽车信息系统对网络传输信息量的要求不断提高,多媒体系统总线协议(如 D2B 协议和 MOST 协议)应运而生。

车载网络技术已运用到国内外汽车企业生产的汽车上。

3. 数字技术

对于一个电子设备,如果没有电流通过,电线的状态为 0,如果有电流通过,电线的状态为 1。

基于这两种状态,利用计算机语言就可以计算了。20 世纪计算机的发明与应用被称作第三次科技革命的重要标志之一,这是因为数字计算机能识别和处理由"0""1"符号串组成的代码,其运算模式正是二进制。19 世纪爱尔兰逻辑学家乔治布尔对逻辑命题的思考过程转化为对符号"0""1"的某种代数演算,二进制是逢二进位的进位制。0、1 是基本算符。因为它只使用 0、1 两个数字符号,非常简便,易于用电子方式实现。

数字技术中最小的信息单元是 1 个位,有 2 个状态:0 或 1,8 个位相当于一个字节。图 7-1-2 所示为二进制系统基本原理。

图 7-1-2　二进制系统基本原理

数据总线的通信就是要把计算机的数字信号转变为电信号,能够控制执行器工作,或和其他控制单元通信。同时传感器或其他控制单元通信的电信号也要转换成数字信号才能被计算机识别并处理。

4. 数据总线的类型

LIN 总线适合低端控制系统,包括仅需要简单串行通信的 ECU、智能传感器、执行器等。

CAN 总线在汽车车载网络中应用最多,包括传统的车身控制和动力传动控制、ABS、自动变速箱等。

FlexRay 应用于对安全性要求很高的刹车和转向系,通信要求高容错性、高可靠性和高实时性。

MOST、D2B要求有高速率和高带宽,如媒体播放器、导航系统等信息娱乐设备之间的互联需要更高速通信协议。

习题及思考题

（1）什么是数字技术？
（2）MOST总线适用于什么场合？
（3）汽车上最常用的数据总线是什么？

任务7.2　CAN总线系统

学习目标

◎ 掌握CAN总线系统构造、工作原理；了解CAN总线在汽车上的总体布置形式；了解CAN总线系统故障特征及其测量数据。

能力要求

◎ 记录CAN总线系统故障的现象。
◎ 测量CAN总线通信信号波形。
◎ 根据测量结果判断CAN总线系统故障原因。

任务导入

一辆迈腾B7汽车,行驶里程为20万千米,近期出现车辆无法启动现象,读取故障码。从变速箱控制单元和网关都读到"发动机发出不可靠信号"的故障码。怀疑是发动机控制单元和网关的CAN总线通信出现了故障,进而导致发动机无法与其他驱动单元通信。

学习指引

为了能够对发动机控制单元CAN总线的通信情况进行诊断,我们需要掌握CAN总线系统具体组成、构造和工作原理。了解正常情况下的CAN总线通信信号波形,以及断路、对地短路、对正极短路、CAN-Low线与CAN-High线短接、CAN-Low线与CAN-High线交叉连接等异常情况下的信号波形。

相关知识

现代汽车的技术水平大幅提高,要求能对更多的汽车运行参数进行控制,使得汽车控制器不断增加,从开始的几个发展到几十个甚至上百个。控制单元的增加,使得它们相互之间的信息交换越来越密集。为此德国BOSCH公司开发了一种先进的解决方案——CAN数据总线,提供一种特殊的局域网使汽车的控制器之间能进行数据交换,如图7-2-1所示。

CAN-bus是Controller Area Network-bus的缩写,称为控制器局域网总线技术,它是车

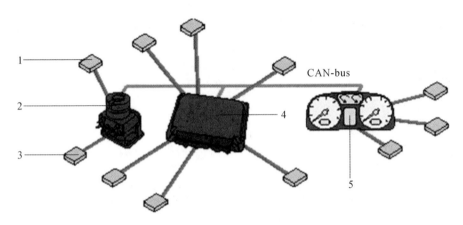

图 7-2-1　CAN 数据总线通信

1—传感器；2—ABS 控制单元；3—执行器；4—发动机控制单元；5—仪表盘单元

用控制单元传输信息的一种传送形式。

由于车内布线空间有限，CAN-bus 系统的控制单元连接方式采用铜缆串行方式。由于控制器采用串行合用方式，因此不同控制器之间的信息传送方式是广播式传输，如图 7-2-2 所示。也就是说每个控制单元不指定接收者，把所有的信息都往外发送，由接收控制器自主选择是否需要接收这些信息。

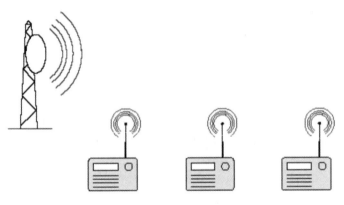

图 7-2-2　广播式传输

1. CAN-bus 系统组成

1) CAN 收发器

CAN 收发器安装在控制器内部，同时兼具接受和发送的功能，将控制器传来的数据转化为电信号并将其送入数据传输线。其作用类似于快递员收发快递的作用。CAN-bus 上的控制器中发送信息的线路通过一个集电极开路和总线相连，如图 7-2-3 所示，使用一个电路进行控制，即控制单元在某一时间段只能使用发送或接受中的一项功能。

逻辑"1"：所有控制器的开关断开；总线电平为 5 V 或 3.5 V；CAN-bus 未进行通信。

逻辑"0"：某一控制器闭合，信号接地；总线电平为 0 V；CAN-bus 进行通信。

当用两个以上控制器连接在 CAN-bus 总线上时，如图 7-2-4 所示，用逻辑"1"表示断开、逻辑"0"表示闭合。若不考虑其他总线规则，总线会出现以下情况：

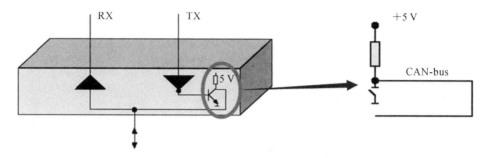

图 7-2-3　CAN 收发器

（1）任何开关闭合，总线上的电压为 0 V。
（2）所有开关断开，总线上的电压为 5 V。

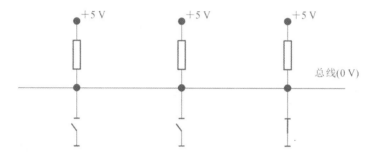

图 7-2-4　多个控制器连接在 CAN-bus 总线上

2）CAN-bus 数据线

CAN-bus 数据线的双绞线结构，如图 7-2-5 所示。

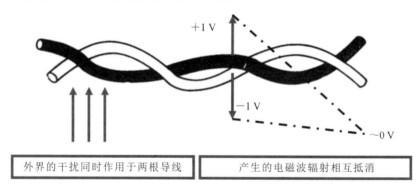

图 7-2-5　CAN-bus 数据线的双绞线结构

CAN-bus 数据线采用双绞线自身校验的结构，既可以防止电磁干扰对传输信息的影响，也可以防止本身对外界的干扰。系统中采用高低电平两根数据线，控制器输出的信号同时向两根通信线发送，高低电平互为镜像。并且每一个控制器都增加了终端电阻，以减弱数据传送时的过调效应。

CAN 总线的基本颜色：橙色；CAN-Low 线总是棕色；CAN-High 线：驱动系统（黑色）；舒适系统（绿色）；信息系统（紫色），如图 7-2-6 所示。

3）CAN-bus 数据线类型

由于汽车中不同控制器对 CAN 总线的性能要求不同，因此最新版本的 CAN 总线系统中人为设定 5 个不同的区域，分别为驱动系统、舒适系统、信息系统、仪表系统、诊断系统。其速率（Kbit/s）分别为：

(1) 驱动系统（由 15 号线激活）：500 Kbit/s；

(2) 舒适系统（由 30 号线激活）：100 Kbit/s；

(3) 信息系统（由 30 号线激活）：100 Kbit/s；

(4) 仪表系统（由 15 号线激活）：100 Kbit/s；

(5) 诊断系统（由 30 号线激活）：500 Kbit/s。

4）网关

由于不同区域 CAN-bus 数据线的速率和识别信号不同，因此要使一个信号从一个总线进入另一个总线，就必须改变它的识别信号和速率，以便让另一个系统接受，这个任务由网关来完成，图 7-2-7 所示为迈腾汽车的 J533 网关单元。另外，网关还具有改变信息优先级的功能。例如，车辆发生相撞事故，气囊控制单元会发出负加速度传感器的信号，这个信号的优先级在驱动系统中非常高，但转到舒适系统后，网关调低了它的优先级，这是因为它在舒适系统中的功能只是打开门和灯。

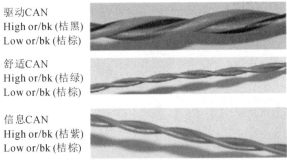

图 7-2-6　CAN 总线的基本颜色　　　　图 7-2-7　迈腾汽车的 J533 网关单元

5）诊断总线

诊断总线用于诊断仪器和相应控制单元之间的信息交换，具有原来的 K 线或者 L 线的功能（废气处理控制器除外）。诊断总线和网关之间的连接关系，以及诊断总线接头各针脚含义，如图 7-2-8 所示。

诊断总线目前只能在 VAS5051 和 VAS5052 下工作，而不能用于原来的诊断工具，如 1552 等。诊断总线通过网关转接到相应的 CAN-bus 上，然后再连接相应的控制器进行数据交换。

由于诊断总线的使用，大众汽车集团将逐步淘汰控制器上的 K 线存储器，将 CAN 总线作为诊断仪器和控制器之间的信息连接线，我们称之为虚拟 K 线。

2. CAN 总线系统的工作原理

1）CAN-bus 上的信息

CAN-bus 上的信息是以二进制信号形式出现的，也就是说控制单元将信息转换成二进制信号，CAN-bus 用电平来模拟二进制，接收控制单元将电平信号转换成的二进制信号，再将二进制信号转换成正常数据。

例如，控制单元 A 将发动机转速值先转换成二进制信号（00010101），然后由发送器转换成一串电平信号发送出去。控制单元 B 的接收器先读取电平信号，并将其转换成二进制信号（00010101），然后再解码成发动机转速值，如图 7-2-9 所示。

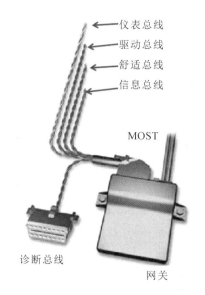

图 7-2-8 诊断总线及其接头

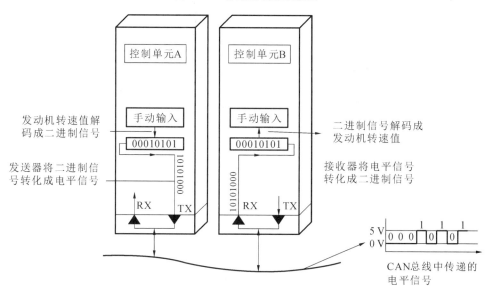

图 7-2-9 CAN-bus 上的信息传递过程

2）提高数据传递的可靠性

为了提高数据传递的可靠性，CAN 总线系统的两条导线（双绞线）分别用于不同的数据传送，这两条导线分别称为 CAN-High 线和 CAN-Low 线，如图 7-2-10 所示。

图 7-2-10 CAN 导线的双绞线

3）显性状态和隐性状态

在静止状态时，这两条导线上作用有相同预先设定值，该值称为静电平。对于 CAN 驱动数据总线来说,这个值大约为 2.5 V。

静电平也称为隐性状态,这是因为连接的所有控制单元均可修改它。

在显性状态时,CAN-High 线上的电压会升高一个预定值(对 CAN 驱动数据总线来说,这个值至少为 1 V)。而 CAN-Low 线上的电压会降低一个同样的值(对 CAN 驱动数据总线来说,这个值至少为 1 V)。因此,在 CAN 驱动数据总线上,CAN-High 线处于激活状态,其电压不低于 3.5 V(2.5 V+1 V=3.5 V),而 CAN-Low 线上的电压最多可降至 1.5 V(2.5 V−1 V=1.5 V)。因此,在隐性状态时,CAN-High 线与 CAN-Low 线上的电压差为 0 V,在显性状态时,电压差最小为 2 V。图 7-2-11 所示为 CAN 信号波形。

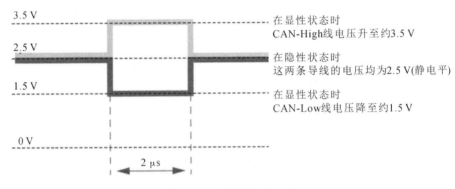

图 7-2-11 CAN 信号波形

4)收发器内的 CAN 信号转换

控制单元是通过收发器连接到 CAN 驱动数据总线上的,在该收发器内有一个接收器,该接收器安装在接收一侧的差动信号放大器内。

差动信号放大器用于处理来自 CAN-High 线和 CAN-Low 线的信号,除此以外还负责将转换后的信号传至控制单元的 CAN 接收区。转换后的信号称为差动信号放大器的输出电压。

差动信号放大器用 CAN-High 线上的电压减去 CAN-Low 线上的电压,得到输出电压,采用这种方法可以消除静电平(对于 CAN 驱动数据总线来说是 2.5 V)或其他任何重叠的电压。图 7-2-12 所示为差动信号放大器处理后的输出电压。

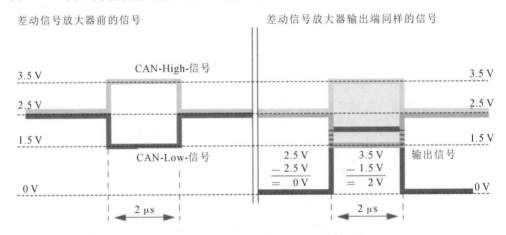

图 7-2-12 差动信号放大器处理后的输出电压

在处理后的差动信号中,"2 V"代表逻辑"1","0 V"代表逻辑"0",差动信号放大器输出端可能的信号电平如图 7-2-13 所示。

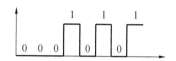

图 7-2-13　差动信号放大器输出端可能的信号电平

任务实施

1. 任务实施准备

(1) 汽车整车实训室。

(2) 带 CAN 总线控制的车辆、专用示波器套装。

(3) 挑线工具套装、维修手册、工作台。

2. 任务实施步骤

1) 找到发动机控制单元通信 CAN 线

通过查询迈腾电路图找到发动机控制单元 J623 的通信 CAN 线,如图 7-2-14 所示。由电路图可知,发动机电脑端的 CAN-High 端子为 T94/68,CAN-Low 端子为 T94/67。

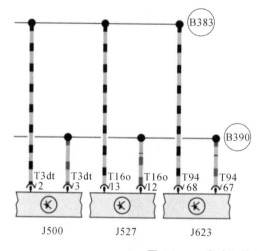

B383　连接1(驱动系统CAN总线, High), 在主导线束中

B390　连接1(驱动系统CAN总线, Low), 在主导线束中

J500　转向辅助控制单元
J527　转向柱电子装置控制单元
J623　发动机控制单元

图 7-2-14　发动机控制单元 J623 的通信 CAN 线

2) 动力 CAN 总线信号的测量

(1) 引出测量端子。

使用背插针,从 J623 的 T94/68 和 T94/67 端子的背部,沿导线防水套缝隙插入,以引出测量端子,如图 7-2-15 所示。

(2) 示波器的连接。

如图 7-2-16 所示,使用示波器的两个通道同时测量 CAN-High 和 CAN-Low 波形,将两根通道线的鳄鱼夹搭铁,探头端分别接 T94/68 和 T94/67 端子上引出的背插针。

(3) 读取波形。

将钥匙打到"ON"挡,调节示波器的频率和幅值,读取 CAN 信号波形,如图 7-2-17 所示。

图 7-2-15　背插针引出测量端子

图 7-2-16　示波器的连接

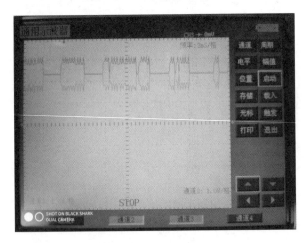

图 7-2-17　CAN 信号波形

习题及思考题

（1）对照图或实物说明 CAN 总线系统的工作原理。

（2）实际测量舒适系统总线波形。

（3）实际测量在主驾驶车门控制单元 CAN-Low 线断开的情况下，是否仍然能通过主驾驶车窗控制开关控制其他车窗的升降，为什么？

（4）发动机控制单元 J623 的 CAN-High 线和 CAN-Low 线同时断开会出现什么故障？为什么？

任务 7.3 LIN 总线系统

学习目标

◎ 掌握 LIN 总线系统构造、工作原理;了解 LIN 总线在汽车上的总体布置形式;了解 LIN 总线系统故障特征及其测量数据。

能力要求

◎ 记录 LIN 总线系统故障的现象。
◎ 测量 LIN 总线信号波形。
◎ 记录 LIN 总线检测及故障排除的过程。

任务导入

一辆迈腾 B7 车辆,行驶里程为 20 万千米,近期出现驾驶员侧车窗升降开关无法控制左后车窗升降,但左后车窗开关可以正常控制的现象,怀疑是左前车门单元和左后车门单元之间的通信出现了故障。

学习指引

LIN(Local Interconnect Network)是一种低成本的串行通信网络,用于实现汽车中的分布式电子系统控制。LIN 的目标是为现有汽车网络(例如 CAN 总线)提供辅助功能,因此 LIN 是一种辅助的总线网络。在不需要 CAN 总线的带宽和多功能的场合,比如智能传感器和制动装置之间的通信,使用 LIN 总线可大大降低成本。

相关知识

典型的 LIN 总线应用是汽车中的联合装配单元,如门、方向盘、座椅、空调、照明灯、湿度传感器、交流发电机等。对于这些对成本比较敏感的单元,LIN 可以使那些机械元件如智能传感器、制动器或光敏器件得到较广泛的使用。这些元件可以很容易地连接到汽车网络中并得到十分方便的维护和服务。在 LIN 实现的系统中通常将模拟信号量用数字信号量替换,这将使总线性能优化。在以下汽车电子控制系统中使用 LIN 将得到非常完美的效果。

1. LIN-bus 系统组成

LIN 协议是一主多从结构,通信只能由主节点中的主任务发起,一个完整的 LIN 报文帧的传输是由主任务和从任务共同实现的,主任务发送"报头",从任务发送或接收"响应"。因此,LIN 总线系统主要由主控制单元和从控制单元构成,其网络示意图如图 7-3-1 所示。

1) 主控制单元

主控制单元的主要作用为:

(1) 监控数据传递及其速率,发送信息标题(报文头)。

(2) 主控制单元的软件内已设定了一个周期,这个周期用于决定何时将哪些信息发送到 LIN 数据总线上多少次。

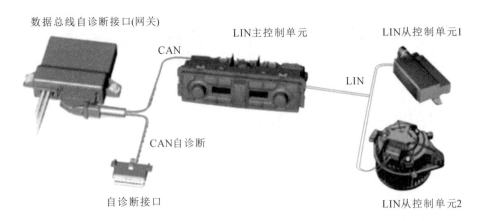

图 7-3-1　LIN 总线系统的网络示意图

（3）在 LIN 总线与 CAN 总线之间起沟通作用（"翻译"），它是 LIN 总线系统中唯一与 CAN 数据总线相连的控制单元。

（4）通过 LIN 主控制单元进行与之相连的 LIN 从控制单元的自诊断。

2）从控制单元

从控制单元的主要作用为：

（1）接收、传递或忽略来自主控制单元的与主任务（起始报文/信息标题）相关的数据。

（2）可以通过一个"叫醒"信号，唤醒主控制单元。

（3）检查所接收数据的总量和所发送数据的总量。

（4）同主控制单元的同步字节保持一致。

（5）只能按照主控制单元的要求同其他从控制单元进行数据交换。

（6）只有当 LIN 主控制单元发送出主任务后，从控制单元才会反应。

3）LIN 节点结构

LIN 接口由两部分组成：协议控制器、线路接口。图 7-3-2 所示为 LIN 节点结构，其中协议控制器集成在微控制器中的一个标准 UART 上实现，微控制器软件负责管理 LIN 协议，实现以下功能：发送/接收 8 位字节；构成请求帧，接收为应帧；发送帧。

线路接口负责将 LIN 总线的信号翻译成无干扰的 RX 信号传入 LIN 协议控制器；或将协议控制器的 RX 信号进行翻译传入 LIN 总线。

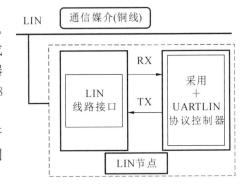

图 7-3-2　LIN 节点结构

4）LIN 导线

LIN 总线是单线式总线，底色是紫色，有标志色，该线的横截面面积为 0.35 mm^2。图 7-3-3 所示为车门控制单元 J926 中的 LIN 导线。

LIN 总线的主要特性有以下几点：

（1）低成本，基于通用 UART 接口，几乎所有微控制器都具备 LIN 必需的硬件；

（2）极少的信号线即可实现国际标准 ISO9141 规定；

（3）双向传输速率最高可达 20 Kbit/s；

（4）采用单主控制器/多从设备模式，无需仲裁机制；

(5) 从节点不需晶振或陶瓷振荡器就能实现自同步,节省了从设备的硬件成本;

(6) 保证信号传输的延迟时间;

(7) 不需要改变 LIN 从节点的硬件和软件就可以在网络上增加节点;

(8) 通常一个 LIN 网络上节点数目小于 12 个,共有 64 个标识符;

(9) 成本是 CAN 的一半。

2. LIN 总线工作原理

LIN 总线系统的信号波形如图 7-3-4 所示。

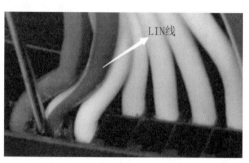

图 7-3-3　车门控制单元 J926 中的 LIN 导线

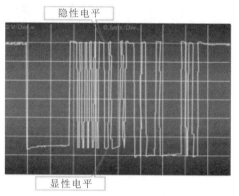

图 7-3-4　LIN 总线系统的信号波形

由图 7-3-4 中可以看出,如果无信息发送到 LIN 总线上(总线空闲)时,LIN 总线系统的隐性电平为 12 V。当 LIN 总线中有信息发送时,发送控制单元内的收发器将 LIN 总线接地,LIN 总线系统的显性电平接近 0 V。

为了保证信号在 LIN 总线上传递的安全性,发送信号电压必须满足隐性电平大于电源电压的 80%,显性电平小于电源电压的 20% 的条件。接收信号电压必须满足隐性电平大于电源电压的 60%,显性电平小于电源电压的 40% 的条件。

任务实施

1. 任务实施准备

(1) 汽车整车实训室。

(2) 迈腾 B7 整车、专用示波器套装。

(3) 挑线工具套装、维修手册、工作台。

2. 任务实施步骤

1) 找到发动机车门控制单元通信 LIN 线

通过查询迈腾 B7L 电路图找到 J386 驾驶员侧车门控制单元和 J926 驾驶员侧后部车门控制单元的通信 LIN 线,如图 7-3-5 所示。J386 驾驶员侧车门控制单元可以通过 LIN 线对驾驶员侧后部车窗升降进行控制。

2) LIN 总线信号的测量

(1) 引出测量端子。

使用背插针,从 J926 的 8# 端子的背部,沿导线

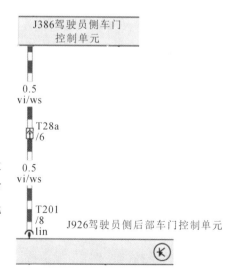

图 7-3-5　发动机控制单元通信 LIN 线

防水套缝隙插入,以引出测量端子,如图 7-3-6 所示。

(2) 读取波形。

接好示波器,将钥匙打到"ON"挡,调节示波器的频率和幅值,读取 LIN 信号波形。图 7-3-7 所示为 J926 的 8♯信号波形。

图 7-3-6　背插针引出测量端子

图 7-3-7　J926 的 8♯信号波形

习题及思考题

(1) 对照图或实物说明 LIN 总线系统的工作原理。

(2) 实际测量驾驶员侧车门控制单元的 LIN 线波形。

(3) 实际测量在主驾驶员侧车门控制单元 LIN 线断开的情况下,是否仍能控制左后车窗的升降?是否仍能控制副驾驶员侧车窗的升降?为什么?

任务 7.4　MOST 总线系统

学习目标

◎ 掌握 MOST 总线系统的构造、工作原理;了解 MOST 总线系统在汽车上总体布置形式;了解 MOST 总线系统故障特征及检测方法。

能力要求

◎ 能够对 MOST 总线系统进行正确的拆装。

◎ 能够对 MOST 总线系统故障的信号做出正确判断。

◎ 能记录 MOST 总线系统故障检测及排除的过程。

任务导入

一辆奥迪 A6L 轿车,行驶里程为 14 万千米,出现多媒体显示器无法正常显示的现象。经维修人员分析判断,造成这种现象的原因是 MOST 总线系统产生故障,然后对 MOST 总线系统进行检查,最终确认故障原因是多媒体显示器的 MOST 总线系统线束折叠,导致 MOST 总线系统无法传输信息,多媒体显示器显示异常。

学习指引

为了能够对 MOST 总线系统进行检测、故障排除,我们需要掌握 MOST 总线系统的具体组成、构造和工作原理。

相关知识

除了使用人们熟悉的 CAN、LIN 总线之外,在 2003 款奥迪 A8 上,使用了光学数据总线系统,即所谓的 MOST 总线系统。MOST 是 Media Oriented Systems Transport 的缩写,意为媒体导向系统传输网络。MOST 总线系统的特点:随着车内娱乐信息系统的发展,车用电子部件如 DVD、CD 播放器,数字电视等越来越需要使用多媒体式传输,最适合此方面的传输接口当属 MOST 总线系统。所使用的总线系统是 MOST25,MOST25 的数据传输率约为 25 Mbit/s。

1. MOST 总线系统组成

1) MOST 总线系统控制单元

MOST 总线系统控制单元包括光导纤维、光导插头、内部供电装置、电气插头、专用部件、标准微控制器(CPU)、MOST 收发机、光电二极管、发光二极管,如图 7-4-1 所示。

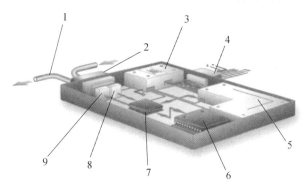

图 7-4-1 MOST 总线系统控制单元结构

1—光导纤维;2—光导插头;3—内部供电装置;4—电气插头;5—专用部件;
6—标准微控制器(CPU);7—MOST 收发机;8—光电二极管;9—发光二极管

光导纤维、光导插头,控制单元通过该插头接收上一个总线用户的光波信号同时通过该插头发送下一个总线用户的光波信号。

内部供电装置,电气插头提供的电源由内部供电装置分送到控制单元中各个部件。控制单元可以单独关闭控制单元内某一部件,以降低静态电流。

电气插头,用于控制单元的供电、MOST 环断裂自诊断以及相关输入/输出信号。

专用部件,用于实现某些专用功能,如 CD 播放器和收音机调谐器。

标准微控制器(CPU),是控制单元的核心部件,它的内部有一个微处理器,具有操纵控制单元的所有基本功能。

MOST 收发机,由发射机和接收机两个部件组成。发射机将要发送的信息作为电压信号传至光导发射器。接收机接收来自光导发射器的电压信号并将所需的数据传输至控制单元内的标准微控制器(CPU)。收发机将控制单元不需要的信息原封不动发至下一个控制单元。

光电二极管、发光二极管,收发单元-光导发射器(FOT)由一个光电二极管和一个发光二极管构成。到达的光信号由光电二极管转换成电压信号后传至 MOST 收发机。发光二极管的作用是把 MOST 收发机的电压信号再转换成光信号。光信号如图 7-4-2 所示。数据经光波调制后传送。调制后的光信号由光导纤维传到下一个控制单元。

2) 光纤电缆

光纤电缆的结构如图 7-4-3 所示。光波是直线传播的,不可弯曲,但光波在光导纤维内必须以全反射的方式传播。光波从发送设备发出,快速、无损地传输到接收设备中。光纤电缆由几层材料组合而成。纤芯由有机玻璃制成或由聚丙烯酸甲酯制成并形成自己的光导体,在纤芯中光波以全反射的方式传播,几乎不会造成损耗。包在纤芯外面的是由氰聚化合物制成的、对全反射起关键作用的光学透明涂层。黑色包层由尼龙制成,用来防止外部光照射。彩色包层起到识别、保护及隔温作用。

图 7-4-2 光信号

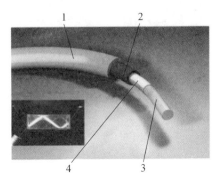

图 7-4-3 光纤电缆的结构

1—彩色包层;2—黑色包层;3—纤芯;4—反射涂层

3) 套管

使用专门的光学插头来连接光导纤维与控制单元,光纤电缆安装到连接器(见图 7-4-4),需要通过套管完成,安装时需保证套管同光纤电缆和连接器的紧密配合。

4) 波纹管

波纹管是由聚酰胺制成的黑色护套,能保护纤芯不受外部光线的照射,带色护套具有标志功能,以防机械损坏并进行温度保护,通过安装防弯曲保护(波纹管)保证了在铺设光纤时的最小半径为 25 mm。图 7-4-5 所示为 MOST 总线系统光纤电缆波纹管。

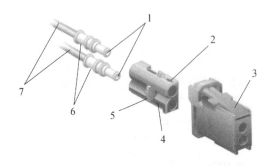

图 7-4-4 MOST 总线系统连接器的结构

1—光纤接触面;2—信号方向箭头;3—插头壳体;
4—插塞连接;5—锁块;6—端套;7—光导纤维

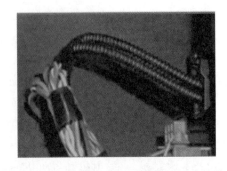

图 7-4-5 MOST 总线系统光纤电缆波纹管

5）光纤连接器

光纤连接器插头上的信号方向箭头表示光纤的接入和接出方向,接入光纤后,可使用锁定装置将光纤锁紧,插头上的一个信号方向箭头表明(至接收机的)输入端。插头外壳形成与控制单元的连接。

在生产过程中,在光导纤维上安装激光焊接的塑料套圈或压接式的黄铜套圈,因此它能够被固定在插头外壳中的正确位置。

MOST 总线系统的显著特点是它的环形结构,如图 7-4-6 所示,MOST 总线系统为环形单向传输网络,因此每一个控制单元都与光纤形成了一进一出的连接。光信号从发射器输出后,通过光纤传递到另一控制单元的接收器,这个过程一直持续到数据返回至最先发送光信号的控制单元,形成了一个闭合的环路。

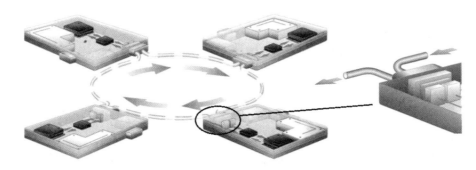

图 7-4-6　MOST 总线系统环形结构

2. MOST 总线系统工作原理

在 MOST 总线系统通信中,控制单元之间的数据交换是以数字方式进行的,光波具有传输导线少、重量轻、传输速度快的优点,与无线电波相比,光波的波长短,因此不会受电磁干扰。

在直的光导纤维中,一部分光波沿直线传输。绝大部分光波是按全反射原理在纤芯表面以之字形曲折传输。在弯的光导纤维中,光波在纤芯的涂层界面上进行全反射,从而可以弯曲传输,如图 7-4-7 所示。

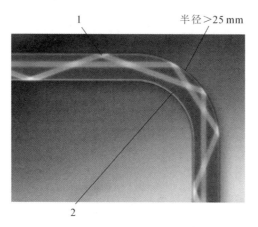

图 7-4-7　光波在直的、弯的光导纤维中的传输

1—直的光导纤维;2—弯的光导纤维

MOST 总线系统具有主模块驱动、信号放大、信号旁通等控制特点。

主模块驱动，MOST 总线系统上的信息大部分启动是从主模块开始的，主模块一定要连接到总线上，MOST 总线系统才能正常工作。

信号放大，光信号在传输过程中可能变弱，为了避免信号经过若干模块后无法被后面的模块接收，每一个模块接收到光信号后，对光信号进行放大再继续发送至下一个模块。如果在两个正在通信的控制单元之间新增一个模块，光信号的传输效果不受影响。

信号旁通，控制单元内部产生故障时，可将光信号传输设置为旁通模式。在此模式下，光信号通过控制单元直接传输而不会被放大。这样，在光信号放大之前距离会长一些，因而亮度会弱一些。

MOST 总线系统状态共有三种模式：睡眠模式、备用模式、接通电源。

睡眠模式，MOST 总线系统中的所有控制单元都工作正常，MOST 总线系统中没有数据交换，控制单元也没有通过网关接收到其他总线系统需要传送信息的请求，MOST 总线系统关闭后就会切换至睡眠模式。

备用模式，多媒体系统已被关闭，所有的输出媒介（显示屏、音频放大器等）处于不工作或静音状态，没有收到操作多媒体功能的请求，MOST 总线系统仍在后台工作着，此模式在启动和系统运行过程中处于激活状态。

接通电源，设备被切换至备用模式并且只能由系统管理器发出光学起始脉冲，多媒体系统控制单元被完全激活，有数据在 MOST 总线系统上进行交换。

MOST 总线的操作顺序如图 7-4-8 所示，系统唤醒，MOST 总线处于睡眠模式，唤醒程序首先把系统切换至备用模式。一个控制单元（系统管理器除外）唤醒 MOST 总线，它把特殊的已调制光（伺服光）送到下一个控制单元。通过睡眠模式中处于激活状态的光敏二极管，环形结构中的下一个控制单元接收从属光并继续传送它，这个过程一直持续到其抵达系统管理器为止。通过接收到达的从属光，系统管理器辨认出系统启动的命令。系统管理器把另一个特殊的已调制光（主控制光）传送到下一个控制单元，所有控制单元继续传送这个主控制光，系统管理器通过在它的收发单元-光导发射器（FOT）中接收到主控制光后，就能够判断出环路已经闭合并开始传送信息框。

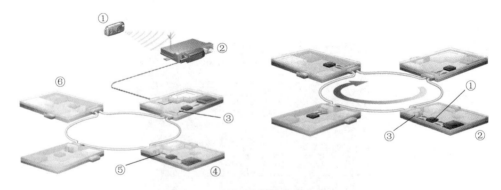

图 7-4-8 MOST 总线的操作顺序

在第一个信息框中需要 MOST 总线的控制单元提供标识符。以标识符为基础，系统管理器把当前的顺序（实际的配置）传送到所有控制单元，这使得面向地址的数据传送成为可能。诊断管理器将响应的控制单元（实际配置）与所安装控制单元（特定配置）的存储清单进行比较，如果实际配置与特定配置不一致，诊断管理器在相应的故障存储器内存储故障。至此整个唤醒过程结束,可以传送数据了。

任务实施

1. 任务实施准备

(1) 汽车整车实训室。

(2) 带 MOST 总线系统的车辆。

(3) 常用工具、光纤修理工具、MOST 诊断仪、维修手册。

2. 任务实施步骤

1) MOST 总线系统环路断路诊断

启动环形结构的故障诊断后,诊断管理器通过诊断线向每个控制单元传送一个脉冲。这个脉冲使得所有控制单元借助于它们在收发单元-光导发射器(FOT)中的发射单元传送光信号。在此过程中,所有控制单元检查它们的电源和内部的电气功能,接收来自环形结构中前一个控制单元的光信号。每一个 MOST 总线的控制单元在软件规定时间长度内做出应答。环形结构故障诊断启动后,MOST 总线的控制单元传送出两条信息:控制单元的电气系统正常,即控制单元的电气功能(例如电源)正常;控制单元的光导系统正常,其光敏二极管接收到环形结构中前一个控制单元的光信号,如图 7-4-9 所示。

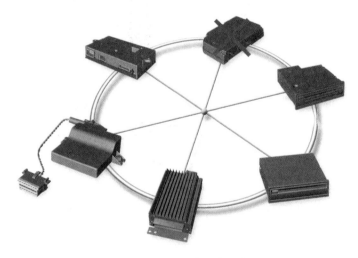

图 7-4-9 MOST 总线系统环路断路

这些信息告诉诊断管理器:系统中是否存在电气故障(电源故障);哪一些控制单元之间的光学数据传送中断了。

2) 衰减增加时环形结构的故障诊断

诊断管理器的最终控制诊断功能也包括检测衰减增加的光功率下降的环形结构故障。功率下降时的环形结构故障诊断过程与上文描述的基本相同。但是,控制单元用衰减度为 3 dB 的方式,即光功率减少一半,打开它们在 FOT 中的发光二极管。如果光导纤维的衰减增加了,则到达接收机的光信号的强度就会不够强。接收机就会发出"光学问题"的信号。这时,诊断管理器就会识别出故障位置并在诊断测试仪的引导性故障查询中存储一条相应的故障信息。

3) MOST 总线系统的维修

对 MOST 总线系统进行检查和维修时,应考虑影响光信号传输的因素,这些因素包括:

(1) 光纤长度。光纤的长度过长,会影响光信号的传输效率。光信号在光纤中传输时除了反射,还存在折射,因此,更换光纤时,应尽量使用与原光纤长度一样的光纤。

(2) 光纤弯折、变形或破损。如果检查发现光纤弯折,则应将其校正,光纤的弯折半径小于 25 mm 会影响光信号的传输效果。如果光纤存在拉伤、挤压或部件摩擦现象,则应及时排除。如果光纤损坏则必须更换新光纤。

(3) 连接器污染。连接器上的油污、杂质等会削减光信号的传输效果,所以维修时应注意保持插头清洁,不能使用润滑脂来润滑光纤插头,更不能使用有机溶剂清洗光纤插头。

专用的光纤插头维修工具如图 7-4-10 所示,可辅助技师对光纤进行专业维修,保证光纤良好的传输性能。光纤切割工具,主要功能包括光纤剪切、光纤剥皮等功能。光纤插头制作工具,主要功能是将铜套固定在光纤上。

光波在传输时功率减小,这就是人们所说的衰耗。信息在光线数据总线中衰耗增大的原因有:

(1) 光纤的弯曲半径过小。当光纤弯曲(或弯折)半径小于 5 mm 时,在弯折点会导致纤芯损坏(与有机玻璃弯折相比较),则必须更换光纤。

(2) 光纤的外皮损坏。

(3) 纤芯表面划伤。

(4) 纤芯表面污损。

(5) 纤芯表面连接错位(插头外壳断裂)。

(6) 纤芯表面倾斜连接(角度故障)。

(7) 在光纤的正面和控制单元的接触面之间有空隙(插头外壳破裂或没有完全插到位)。

(8) 尾部套管卡位错误。

4) MOST 诊断仪

如果怀疑 MOST 网络的光纤或模块有异常,可以使用 MOST 诊断仪进行诊断,如图 7-4-11所示。MOST 诊断仪会主动发出信号,检查 MOST 总线系统是否连通。也可取代怀疑有故障的 MOST 控制单元,将 MOST 中继器连接到控制单元原来的光纤导线中,检查 MOST 环恢复正常的工作情况,判断控制单元是否有故障。

图 7-4-10　光纤插头维修工具

图 7-4-11　MOST 诊断仪

习题及思考题

(1) 对照图或实物说明 MOST 总线系统的工作原理。
(2) 实操并说明 MOST 总线系统光纤插头维修过程。
(3) 实操并说明 MOST 总线系统环路断路诊断方法。

任务 7.5　FlexRay 总线系统

学习目标

◎ 掌握 FlexRay 总线系统的构造、工作原理、检测方法；了解 FlexRay 总线在汽车上的总体布置形式；了解 FlexRay 总线系统故障特征及其测量数据。

能力要求

◎ 能够对 FlexRay 总线系统进行正确的拆装。
◎ 测量 FlexRay 总线系统信号波形。
◎ 能记录 FlexRay 总线系统故障检测及排除的过程。

任务导入

一辆奔驰 C200 汽车，行驶里程为 13 万千米，出现无法启动现象，读取故障码，在总线数据诊断接口控制单元中读到"FlexRay 总线系统初始化失败"的故障码。怀疑是 FlexRay 总线系统通信出现了故障。

学习指引

为了能够对车辆的 FlexRay 总线通信故障进行诊断，我们需要掌握 FlexRay 总线系统的组成、构造和工作原理。了解正常情况下的 FlexRay 总线系统通信信号波形，以及总线断路、对地短路、FlexRay-正与 FlexRay-负交叉连接等异常情况下的信号波形。

相关知识

FlexRay 联盟是一个研发企业联合组织，成立于 2000 年。成立后，联盟成员不断增加，包括 BMW、BOSCH、DaimlerChrysler、GM、Freescale、NXP、Vector 等。在 FlexRay 中，Flex 代表 Flexibilität（灵活），Ray 代表 Rochen（FlexRay 联盟标志中的鳐鱼），如图 7-5-1 所示。

图 7-5-1　FlexRay 联盟标志

采用 FlexRay 总线是为了满足将来对汽车控制单元联网结构更高的要求，特别是为了实现更快的数据传输速率、更强的实时控制和更高的容错运算。FlexRay 总线系统具有以下特征：双绞线、时间控制式数据传输、数据传输速率可高达 20 Mbit/s，可以 2 个通道同时传输、"主动"的星型拓扑结构、实时控制、实现分布式控制和与安全相关的系统的使用。

1. FlexRay 总线系统的结构

(1) FlexRay 总线系统首次使用是在量产车上,作为主干网络用在了 BMW(宝马)X5 车辆的悬架系统上。现在许多车辆都装配了 FlexRay 总线系统。在 FlexRay 车载网络中,信号是分化传输的。数据传送采用定时方式(时间控制),其优点是开发人员可以准确获知,上一个控制单元何时将数据信息发送到总线上,数据信息将在何时到达下一个接收的控制单元。

(2) FlexRay 总线系统是双线式总线系统,数据传输速率在 20 Mbit/s 以上。FlexRay 总线的两条导线一条标为正总线 BP(导线颜色为粉红色),另一条标为负总线 BM(导线颜色为绿色)。两条导线上的电平在最低值 1.5 V 和最高值 3.5 V 之间变换。总线系统"空闲"时两条导线上的电压都为 2.5 V,如图 7-5-2 所示。

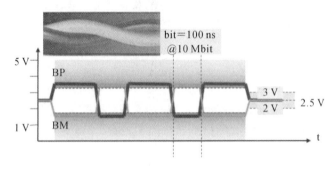

图 7-5-2　FlexRay 总线颜色及波形电压

(3) FlexRay 总线系统的拓扑结构如图 7-5-3 所示,分为点对点连接的主动星型拓扑结构(支路 3)和总线型拓扑结构(支路 1、2 和 4)。数据总线诊断接口作为主控制器,上面有四条支路、两种网络结构。其他总线用户围绕着数据总线诊断接口分布在若干支路上,每条支路上最多连接两个控制单元。其中,主动星型拓扑结构连接器以及支路上的末端控制单元中存有终端电阻(电阻较小),而在总线型拓扑结构中间的控制单元中并联有中间电阻(电阻较大)。在一条 FlexRay 支路上的"中间控制单元"分别通过 4 个芯脚与 FlaxRay 总线连接,其中两个用来将总线主控制器信号"转送"给下一个控制单元,另外两个用于直接与 FlexRay 总线主控制器通信。节点控制单元只有两个芯脚。每个通道需要用到两条导线,分别是 BM(负总线)、BP(正总线)。在接收器里,会通过两个信号之间的差得出原本的比特状态。这里定义了 3 种状态:空闲、数据 0、数据 1。额定比特时长为 100 ns,导线的不对称会引起传输信号的偏差。

(4) FlexRay 网络协议,在 FlexRay 总线上,信息通过"通信周期"传输。通信周期不断循环,一个通信周期持续 5 ms。通信周期由静态段、动态段、网络空闲时间(空载)组成。

① 静态段。静态段在总线用户之间传递信息。为了传输数据,静态段被分为 62 个时隙,即"时间槽",如图 7-5-4 所示。一个静态时隙只能被发送到一个特定的总线用户中,但是,所有总线用户可以接收所有静态时隙,也包括那些与它没有确定关系的时隙。所有静态时隙的长度都相等。时隙的顺序固定不变。在接连不断的通信周期中,各个静态段传输内容不同的信息。一般,无论所有时隙是否都承载信息,整个时隙结构都会被传输。

② 动态段。动态段被分成若干"最小时隙",所有总线用户都会接收动态段。动态段是通信周期中为了能够传输事件触发的数据而预留的位置。

③ 网络空闲时间。网络空闲时间是"网络静止时间"。在这段时间内,FlexRay 总线上没

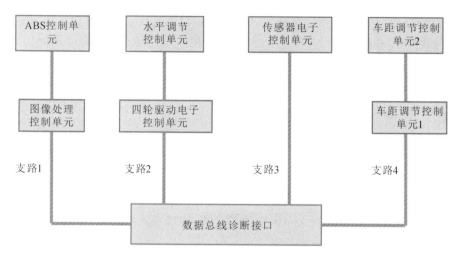

图 7-5-3　FlexRay 总线系统的拓扑结构

图 7-5-4　FlexRay 网络时间槽

有信息在传输。总线系统诊断接口需要在这段时间内同步 FlexRay 总线上数据传输的过程。所有总线用户利用网络空闲时间使内部时钟与全球时基同步。

2. FlexRay 总线系统的工作原理

FlexRay 总线系统的基本工作方式与使用至今的数据总线系统（CAN 总线、LIN 总线和 MOST 总线）不同。可用城市地铁作比喻，地铁的每一个站点就像是总线用户的信息发送器和接收器控制单元，地铁线上面的列车就像数据帧，而乘客就是数据信息。总线用户通过 FlexRay 总线系统发送数据信息的时间点可精准确定，同时发出数据信息到达下一接收器的时间可精准计算、时别。FlexRay 总线系统数据信息收发时间与城市地铁列车到站发车的时间表相同，如果总线用户不发送任何数据信息，也为数据信息预留一定的带宽，就像城市地铁线路上，无论列车上是否有乘客，列车都在运行，FlexRay 总线系统将"空列车"情况视作信息发送器产生故障，控制单元总是发送的信息用"Update Bit"标记为新内容，如果没有可以使用的新数据，则再次发送旧数据。没有像在 CAN 总线上设定信息传输的优先级。

FlexRay 网络的工作流程为：

（1）唤醒。当 FlexRay 总线处于休眠模式时，系统会先通过唤醒过程使 FlexRay 变成待机模式。唤醒时，唤醒控制单元在 FlexRay 总线上发送"唤醒符号"。在发送前总是要延时确定 FlexRay 总线上是否真的没有通信，所有控制单元是否真的处于休眠状态。

（2）启动阶段。启动指的是网络启动，只能由"冷态启动"控制单元完成启动。第一个向 FlexRay 总线发送信息的"冷态启动"控制单元开始启动过程。"冷态启动"和同步控制单元将会启动网络,并建立同步。启动后,FlexRay 总线才有真正的通信。

(3) 初始化阶段。引导启动过程的"冷态启动"控制单元以本身未经修正的时基开始传输数据。"冷态启动"控制单元会与另一个"冷态启动"控制单元的数据流建立实时同步,进入时间控制式数据传输。仅当两个以上"冷态启动"控制单元开始通信后,非"冷态启动"自动控制单元才与 FlexRay 总线建立同步。

任务实施

1. 任务实施准备

(1) 汽车整车实训室。
(2) 带有 FlexRay 总线系统车辆、举升机、常用拆装工具。
(3) 专用示波器套装、接线盒、万用表、维修手册、工作台。

2. 任务实施步骤

(1) FlexRay 总线系统诊断接口识别到网络中的故障,并使没有故障的区域可以继续工作,故障可能仅出现在某一部分网络内。出现故障时,FlexRay 总线的表现如下:

①一条导线对地短路。数据总线诊断接口识别到 FlexRay 总线上有持续不变的压差。数据总线诊断接口会控制相关的总线支路关闭,直到再次识别到休眠模式的电压(空闲),FlexRay 总线重新启动通信。

②两条导线相互短路。数据总线诊断接口识别到休眠模式的电压(空闲)持续不变。该总线支路上所有 FlexRay 控制单元无法在 FlexRay 总线上发送和接收数据信息。工作时 FlexRay 控制单元中要对这两条线之间的电位差进行分析,获取数据信息。其中一根总线产生了故障,FlexRay 总线系统在单线状态时无法工作。车辆诊断测试仪在诊断中同时会出现与 FlexRay 总线故障相关的故障信息:FlexRay 控制单元无通信、FlexRay 总线系统损坏、FlexRay 总线系统初始化失败、FlexRay 总线系统信号出错。

(2) FlexRay 总线的故障诊断。

FlexRay 总线的终端电阻网络图如图 7-5-5 所示,中间的控制单元有 4 个总线接口,中间有两个 1 300 Ω 的串联电阻,中间控制单元里面的中间电阻保证数据信号的正常传送。末端控制单元有两个总线接口,有两个 47 Ω 的串联电阻。

①通过测量终端电阻来判断总线故障,正常状态下测量数据总线诊断接口的正、负总线接口电阻为 47 Ω,说明控制单元正常连接在系统中,FlexRay 总线电缆和终端电阻正常。

②断开 FlexRay 总线的正、负总线其中一根导线,测量数据总线诊断接口的正、负总线接口电阻也应为 47 Ω,说明数据总线诊断接口正常连接在系统中,数据总线诊断接口终端电阻正常。若测量电阻为无穷大,需要进一步检测,数据总线诊断接口与支路间存在断路。

③中间的控制单元断路的诊断,断开 FlexRay 总线的正、负总线其中一根导线,测量中间控制单元的正、负总线接口电阻为 94 Ω,说明中间的控制单元正常连接在系统中,FlexRay 总线电缆和中间电阻正常。

④FlexRay 总线的连接线的电阻应小于 2 Ω,否则需要检查导线。

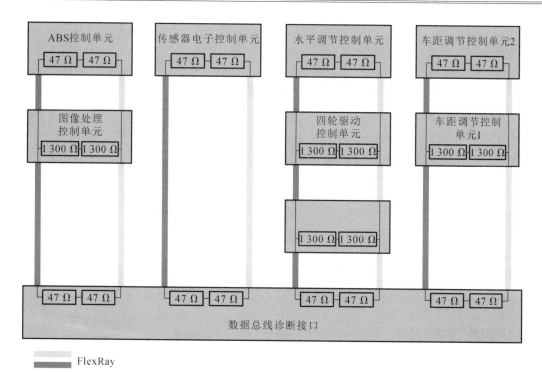

图 7-5-5　FlexRay 总线的终端电阻网络图

习题及思考题

（1）对照图或实物说明 FlexRay 总线系统的工作原理。

（2）对照图或实物说明 FlexRay 总线系统有哪些特点。

（3）对照图或实物说明 FlexRay 总线系统有哪些网络控制单元。

（4）实操并说明如何检修 FlexRay 总线系统故障。

参 考 文 献

[1] 闵永军,万茂松,周良.汽车故障诊断与维修技术[M].2版.北京:高等教育出版社,2012.
[2] 冯渊.汽车电子控制技术[M].2版.北京:机械工业出版社,2005.
[3] 陈家瑞.汽车构造[M].北京:人民交通出版社,2005.
[4] 朱军.电子控制发动机电路波形分析[M].北京:机械工业出版社,2003.
[5] 徐艳民.汽车发动机构造与维修[M].北京:中国建材工业出版社,2011.
[6] 姜立标.汽车传感器及其应用[M].北京:电子工业出版社,2013.
[7] 谭本忠.汽车发动机构造与维修[M].济南:山东科学技术出版社,2010.
[8] 黄俊平.汽车发动机维修实训[M].北京:机械工业出版社,2009.
[9] 秦会斌.汽车检测与维修技术[M].北京:机械工业出版社,2008.